高倉健と黒澤映画の「影武者」と呼ばれて

日米映画界を駆け抜けた男の記

Tak阿部

聞き手／祓川 学

徳間書店

「影武者」が語る時
――まえがきにかえて

２０１３年の暮れも押し迫ったころでした。

「おお、Ｔａｋ、元気か？」

電話の主は高倉健さんでした。この時、私はロサンゼルスの自宅で夕食を済ませ、自宅のソファーでくつろいでいました。

「あっ、高倉さん！　ハイ、元気です。お電話ありがとうございます」

日本にいる高倉さんとアメリカにいる私との会話は、いつもこんな具合に突然始まります。その日の高倉さんは、九州へ向かう車の中から電話をかけてきたのです。仕事かプライベートだったのか、九州行の目的はわかりません。私の近況を聞かれた後、

「黒澤監督の作品には、その後、どんな動きがある？」

没後の黒澤明監督作品の動向、さらには当時話題になっていたハリウッド作品について

も聞かれました。

「いま、黒澤監督生誕100年祭の関連イベントに向けて動いていますよ」

私の所属先でもある「クロサワ・エンタープライゼズUSA」の活動報告を含めて伝えました。

「そうか、忙しそうで何よりだ」

電話の向こうから高倉さんの弾むような声が聞こえ、私も高倉さんのお元気そうな様子に口元がほころびました。

「これから長いトンネルに入るから、しばらく話せなくなるかもしれない。Tak、また俺から電話をするから」

高倉さんの声が雑音と混じり合いました。

「……、Tak……」

ノイズの間に私を呼ぶ声が聞こえて、会話はプツリと途切れたのです。

「あっ、高倉さん！　聞こえますか？」

私は呼びかけましたが、携帯電話の電波状況が悪いのか、その後、通じることはありませんでした。時間にして7分ほどの会話でした。

その後、高倉さんからの電話を待っていたのですが、一向にかかってこないので、私から何度も高倉さんの携帯電話に連絡をしてみたものの、コール音だけが続くだけでつなが

りません。いつもなら、何回かのコールの後、

「高倉です、メッセージをどうぞ」

という高倉さんの生声と共に留守番電話につながっていたのですが、この時はなぜか留守番電話機能もオンになっていませんでした。高倉さんの個人事務所「高倉プロモーション」にも連絡をしたのですが、いつもであれば事務方の女性スタッフがいるはずなのに、誰も電話には出なかったのです。


その時はさして気にすることもなく、数日後には新年（２０１４年）を迎えました。２年後に公開されることになる映画『瞽女《ごぜ》　ＧＯＺＥ』（監督・瀧澤正治　16年）のプロデューサーとして、当時の私は奔走していました。アメリカでの仕事に日本での仕事が加わり、多忙を極めていたのです。高倉さんからのコールバックがなかったことにも、高倉さんもご多忙なのだろうと思うだけで終わっていたのでした。

しかし、同年11月上旬、知り合いのカメラマンから慌てた様子で電話がかかってきました。

「Ｔａｋさん！　日本のメディアは、高倉健さんが亡くなったと報道しています。ご存じでしたか!?」

「……えっ!?」

私は受話器を握りしめたまま、立ち尽くしていました。ふと我に返り、70代半ばを迎えたころの高倉さんの様子が咄嗟《とっさ》に脳裏を過《よぎ》ったのです。それは、ロサンゼルスの私のオフィスで、お忍びで渡米していた高倉さんと雑談をしていた時、高倉さんが喉元に手を当て、咳《せ》き込む姿でした。

「大丈夫ですか？」

心配する私に対して、

「このところ、年甲斐もなく声変わりしちゃって（笑）」

いつものジョークを交えた受け答えを、高倉さんは笑顔と共に見せてくれていたのですが、たしかその時、大好きだったコーヒーを減らしていると聞いていたと思います。高倉さんは、コーヒーは自分で淹《い》れるのを習慣としていましたし、学生時代には米兵たちが出入りしていた店に行って、出がらしのコーヒー豆を拾ってきて、それを使ってコーヒーを淹れていたほどの無類のコーヒー好きでした。

ただ、こんなことも言っていたのです。

「いつも使っているとか、愛飲しているものでも、時折やめてみるといいんだよ。害になるものを避けるためには、そういう気遣いも必要なんだ」

高倉さんなりに何か考えのある時は、コーヒーを断《た》っていたのです。

もしかすると、あのころからすでに体調の変化があったのだろうか……。

「影武者」が語る時
―――まえがきにかえて

高倉さんは14年11月10日午前3時49分、帰らぬ人となっていました。「長いトンネルに入る」という7分間のやり取りが、高倉さんとの最後の会話となってしまったのです。亡くなった原因が私の前で言った喉の不調に関係したものだったのかどうかはわかりません。

そもそも私は、表には出ることのない者として、高倉さんとの関係を続けてまいりました。あくまでも高倉さんのプライベートマネジャーとしての関係です。

高倉さんは日本を離れ、私が暮らすロサンゼルスにたびたびお忍びでいらっしゃいました。日本では行方不明などとマスコミが騒いでいたようですけれど、高倉さんはアメリカの地で、悠々と素の一人の男「小田剛一」としての時間を満喫されていたのです。

前述の通り、私は黒澤グループの在米法人の代表として働いてまいりました。黒澤作品の海外での版権にまつわる交渉、最新の撮影機材の手配など黒澤監督の映画づくりのサポートのほか、別事業として、日本のクライアントからの求めに応じて、ハリウッド・スターたちを各社のCMに起用するための交渉やアテンド、撮影用のロケ地のコーディネートなど多岐にわたります。そうした仕事に携わる過程で、〝世界のクロサワ〟の偉大さを、私は日々痛感しました。

黒澤監督とのご関係によって、アメリカでの仕事の拡大と私自身の居場所、そして高倉さんとのつながりを得ました。映画の世界で生きる者として、黒澤明と高倉健という、日本、いや世界の映画人が羨望《せんぼう》する二人のサポートができたことは、このうえない喜びですし、他の誰も経験できなかったであろう私だけの財産と自負します。

二十歳そこその田舎者の青年が都会に出て、エンターテインメントの最前線に飛び込み、やがてアメリカのハリウッドで大物映画人や様々な天才表現者たちと仕事をすることになる――実に様々なご縁にめぐまれた不思議を、古希を越えたいま、記憶が薄れる前に記しておきたく思います。

アメリカのエンターテインメントメディアのインタビュアーから、私は奇遇にも「影武者」と呼ばれました。しかしそれは、黒澤作品のごとく、本人になり代わって物事をなすような存在としてではありません。あくまでも、ご本人を輝かせるために、素晴らしい仕事を成し遂げていただくために、「裏方」として動き回ってきたにすぎません。

表に出て、名前を使って仕事をしていくことの怖さを、私はたびたびお二人から伝えられてきました。しかし今回の出版が、その禁を破ることになるとは思いません。お二人から得たもの、さらにはお二人を媒介にして広がっていた新たな人脈とそこからの学びは、私の中だけで独占するにはあまりにもったいない話です。それぞれが鬼籍に入られて新たな作品が生まれなくなっている中で、後進のかたがたにお二人の魅力を伝えていく機会が減ってしまうことも残念に思うのです。
往年の黒澤ファン、高倉ファンの皆さんはもとより、映画界を目指す若い世代にも、この本を開いていただけましたら幸甚です。

Ｔａｋ阿部

第1章　黒澤明、高倉健との出会い

第2章

アメリカでしか見せない「小田剛一」

第3章

人生に必要なことは健さんから学んだ

第4章

「黒澤明」の大看板を背負って

第5章

世界の天才表現者からの刺激

第6章

冒険と挑戦の旅の途中で…

取材・構成	祓川学（ストライカープレス）
装幀	木村友彦
写真提供	クロサワ・エンタープライゼズUSA
協力	児島秀樹　飯島聡子

第1章

黒澤明、高倉健との出会い

『七人の侍』に感じた衝撃と違和感

渡辺丈之《たけゆき》（旧姓）氏は、新潟県の北東部にある北蒲原郡聖籠《せいろう》村（現・聖籠町）という小さな漁村にある家で、1953年1月14日の大雪が降る早朝、産声《うぶごえ》を上げた。聖籠村の「あじろ浜」と呼ばれる何十キロメートルも続く緩やかな弓なりの長い砂丘地帯の向こうに、人口1000人ほどが暮らす田舎町だ。砂浜近くの丘の上に建つ渡辺家で、丈之氏は両親と兄姉と暮らしていた。祖父は、新潟港を起点に遠洋漁業をしていた。父親は若くして職業軍人を務めた後、公務員となり、祖父の仕事を継ぐことはなかった。実家は貧しい兼業農家で、丈之氏は母と姉とともに農作業を手伝っていた。

小学生のころから農作業を手伝っていたものですから、農繁期には忙しくて、学校の友だちと遊ぶことすらできませんでした。そんな日々が何年も続くことに、私は「なぜ僕ばかりがこんなことをさせられなくちゃいけないんだ！」と悲しい気持ちになり、どうしても農作業が好きになれませんでした。でも農作業から離れられるわけもなく、否応もなく経験が積まれていって、田畑の仕事はほぼすべてこなせるほどになりました。皮肉なものですよね。

第1章

黒澤明、高倉健との出会い

そんな畑仕事のさなかに、映画との出会いがあったのです。収穫期を控えてちょっと暇になる夏の時期、中学一年生でした。父から、

「映画でも観に行くか？」

と声を掛けられたのです。〝映画館〟なんて行ったこともありません。当時の私には、どこか神秘的な場所のように思え、喜んで父に同行したのです。新潟の田舎町の映画館ですから、決して広くはない。客席数100席にも満たないくらいで、スクリーンもそれほど大きなものではありませんでした。

上映されていた作品は、『七人の侍』。当時の私には、映画の知識なんてほとんどなかった。でも、観ているうちに、モノクロの映画の世界に登場する、三船敏郎さんが演じる百姓侍・菊千代の存在に釘付けになっていました。


『七人の侍』（監督・黒澤明　脚本・小国英雄、橋本忍、黒澤明　主演・三船敏郎　1954年）の舞台は、戦国時代の貧しい農村。農民たちは野盗と化した野武士たちの襲撃を恐れ、侍たちを雇う。侍たちは襲撃してくる野武士たちを迎え撃つために、様々な策をとるのだが――。黒澤監督作品の中でも最高傑作と言われる。その後、ハリウッド映画として、メキシコに舞台を置き換えた西部劇としてのリメイク版『荒野の七人』（監督・ジョン・スタージェス　出演・ユル・ブリンナー、スティーブ・マ

ックイーン、チャールズ・ブロンソンら　60年）は大ヒット作となった。

菊千代の口にするセリフが、中学生の私には非常に衝撃的だったのです。

「百姓ぐらい悪ずれした生き物はねえんだぜッ！」

百姓たちが落ち武者狩りをしていたことに驚く侍たちを前に、百姓出身の菊千代が、虐《しいた》げられてきた立場の者のやるせなさを、怒りと共に吐く場面です。当時の私は農作業をさせられていたので、農業の過酷さは身に染みてわかります。だから、三船さんのセリフが胸に突き刺さったのでしょうね。

作物の収穫に至るまでには、日照りや長雨などの天候の心配が常につきまといます。映画の中での百姓の人たちも、落ち武者狩りをしながら、そうしたところが気になって仕方がない。彼らと心が通じるような思いを持ちましたし、実は父も、それが狙いだったのかもしれません。

当時の私は、まだ映画監督の巨匠としての黒澤明の存在を知りませんでしたが、この作品の中で侍と百姓が力を合わせて野武士と死闘を繰り広げる凄《すさ》まじいシーンには、最後まで目を離すことができないくらいにのめり込んでしまいました。

いま今思えば、三船さんの感情を込めたセリフの言いっぷり以上に、黒澤監督の脚本が生み出す作品世界のすごさに惹き込まれたのだと思います。

ただ、エンディングで、生き残った百姓たちが唄いながら田植えをするシーン、あそこは妙に気になってしまいましたね。あの苗の大きさは……つまり、田植えをするには苗が成長しすぎていると思えてしまって（笑）。それから何十年もしてから、黒澤監督や高倉健さんと、この映画の感想について話をすることになるなんて思いもしませんでしたね。その点については後述しますけれど。

『若者たち』への憧憬

これも中学時代の出来事です。当時通っていた中学校に新たに着任した女性の音楽教師・金子澄子先生は、個性的で魅力ある方でした。音楽の授業というと、バッハやベートーベン、シューベルトに瀧廉太郎など、教科書にあるような世界的な音楽家の楽曲を聴くこと、音楽史などを学ぶことが通例でしたけれど、この先生は型破りでした。ある日のことです。

「あまりにも素晴らしい曲なので、今日はぜひ皆さんにも聴かせたいと思います」

音楽教師はやや興奮気味に生徒たちに言いました。私たちは「どうせどこかの外国人の曲だろう」と、また教科書にあるような楽曲を聴くことになるのかと、まったく期待もしていませんでした。

その教師は、持参した一枚のレコードをプレーヤーにセットすると、針を落としました。スピーカーから流れてきた曲は、四人組のフォークバンド「ザ・ブロードサイド・フォー」の『若者たち』だと伝えられました。

ザ・ブロードサイド・フォーは、黒澤明の息子・黒澤久雄氏が結成したフォークソンググループ。1964年、高校時代からバンドで音楽活動をしていた久雄氏が成城大学在学中に「ザ・ブロードサイド・スリー」を結成し、アルバムをリリースした65年にメンバーを1人加え、「ザ・ブロードサイド・フォー」に改名した。翌年、久雄氏の海外留学によってバンドは解散となった。その後、久雄氏は26歳でアメリカ横断をしながらのドキュメンタリー・ドラマ『股旅USA』で監督、脚本、作詞、作曲、歌手、インタビュアー、ナレーターの一人8役の活躍ぶりで、若者の心をとらえた。

なんだろう？　この心に響く曲は……。

初めて聴く曲は、ゆったりしたテンポで、語りかけてくるような胸を打つ歌詞。私はすぐに気に入ってしまいました。この時点では、ザ・ブロードサイド・フォーのメンバーである黒澤久雄氏の父親が、私が父と映画館で観た『七人の侍』の黒澤明監督だったとは、知る由《よし》もありません。

第1章

黒澤明、高倉健との出会い

音楽教師はこの曲に聴き入っています。やがて、

「ぜひ、この曲をみんなで覚えましょう!」

と張り切り、クラス全員に歌詞を覚えさせて合唱をすることになったのです。中学一年生のほぼ同時期に、黒澤監督の映画を鑑賞し、久雄氏のバンドの曲と出会っていたとは、何かしらのご縁なのかもしれませんね。『若者たち』は、私が人生の中で最も大切に思う一曲となり、また久雄氏という人物が、のちに私をアメリカへ導き、兄弟のような存在になろうとは、そのころは夢にも思いませんでした。

その後、地元の高校へ進学した私は、映画好きの世界史の男性教師と出会いました。彼からはこんなアドバイスをいただきました。

「映画を観る前に、その映画の内容や地理や歴史も調べると面白いぞ」

試しに調べてから映画を観てみるか——教師のアドバイスもあって、映画を観る機会が増えていきました。私はクラスの視聴覚委員になったので、その特権として校内放送で流す曲を自由にセレクトできました。映画音楽やポップ・ミュージックを昼休みや放課後などにかけたりするうちに、さらに映画にのめり込んでいったのです。

また並行して、映画の映像としての面白さにも強い関心を持ち始め、ただ鑑賞するだけでなく、どうやって撮影しているのかというカメラマンの仕事にも興味と憧れを抱くようになっていきました。高校卒業後の進路は写真学校への進学を希望したのですが、父から

は真っ向から反対されました。

「写真家になって食えるわけがない。土門拳なんかは特別な存在なんだ。我が家では、お前が写真で食っていけるようになるまで金を出すことはできない」

父が土門拳の名前を知っていたことには少々驚かされましたが、私は父のような悲観的な意見を聞くたびに、早くこの小さな町を出て東京へ行くことを望みました。家業が農業だからといって、その仕事に縛られることのない自由な土地。当時の私にとっての東京は、田舎に縛られることから解放してくれる希望の地でもあったのです。

私は父の反対に逆らい、上京しました。とはいえ、実家からの援助もないし、写真学校へ入学する費用もありません。東京で独り、暮らしていくためには、お金が必要です。私はまず就職をすることに決めました。上京後の就職先は、日産ディーゼル社でしたが、カメラマンの仕事を求めていた私にとって、この会社での仕事は全く関心が持てず、仕事は大事だけれど、ここは自分の進む道ではないと判断し、3ヶ月で退社してしまいました。

くすぶっていた私に助け舟を出してくれたのは、先に東京で働いていた兄の清也でした。

「丈之、知り合いの撮影会社でカメラマンの助手を探しているんだ。そこで働いてみないか？」

写真の現場で働くことができるのなら、写真の学校へ行かなくても勉強ができるかもしれない——そう思った私は即答しました。

第1章

黒澤明、高倉健との出会い

「ぜひ、お願いします！」

兄から紹介されたのはアニメ制作プロダクションで、そこを経由して、撮影スタジオ「和光プロ」（現・ワコープロ）の高橋澄夫代表とお会いすることになりました。高橋代表といえば、アニメーションブームをつくり出した第一人者としても高く評価されている人物です。東宝の映像部門出身で特撮を得意とされ、その会社は、漫画家の手塚治虫氏が設立した「虫プロダクション」や、「タツノコプロ」などのアニメーション制作会社の仕事を一手に引き受けている活気ある職場で、私は同社所属の撮影監督、北村タカシチーフの下で働くことが決まったのです。

仕事はハードでした。徹夜が連日続くこともしばしばで、入って半年間は休みもありませんでした。でも、見習いの立場でも給料が支払われましたし、何より撮影のことを勉強できる環境にいられるのですから、不満などあろうはずがありません。

やがて私も、テレビシリーズのアニメーション撮影を任されるようになり、セル画の設定をはじめとする撮影ノウハウを必死に覚えていきました。

アシスタント時代には、タツノコプロ作品の『ハクション大魔王』（69～70年。以下、いずれもフジテレビ系）、『昆虫物語　みなしごハッチ』（70～71年）、『いなかっぺ大将』（70～72年）、『カバトット』（71～72年）、『樫《かし》の木モック』（72年）などに携わり、数年後にはチーフカメラマンに昇格でき、アシスタントをつける立場として『科学忍者隊ガッチャマン』（72～74年）の撮影を担当させていただきました。

72年には、北村チーフと組んで制作に参加させていただいた、アニメーション作家の木下蓮三監督作品『ＭＡＤＥ　ＩＮ　ＪＡＰＡＮ』がニューヨーク・フィルム・フェスティバルのアニメーション・ショートフィルム部門で金賞を受賞。日本文化を紹介する中で、歌麿の春画を動画に組み込んだりしたことが斬新に映ったのでしょう。

海外での高い評価をいただいたことで、私は海外で撮影の仕事をしてみたいと強く思うようになっていきました。エンターテインメントの本場・ハリウッドがあるアメリカへの移住に憧れを抱くようになっていったのです。

『アルプスの少女ハイジ』を担当する

前項で触れた黒澤久雄氏との関係を、もう少しお話しします。72年、黒澤久雄氏率いるドキュメンタリー・ドラマ『股旅ＵＳＡ』の撮影チームがアメリカへ向かうことになりました。久雄氏の仕事に関わっていた私の実兄・清也がそこに同行すると聞いていました。

そんな中、兄からこんな依頼を受けたのです。

「黒澤久雄さんと制作スタッフを羽田空港まで送り届けてくれないだろうか？」

あのザ・ブロードサイド・フォーの黒澤久雄！――私の胸は高鳴りました。中学時代に聴いたあのスターと仕事ができるなんて。私は兄に快諾の返事をしました。ただ、久雄氏と会話をするなんて恐れ多い。その時は結局、

「初めまして。渡辺の弟の丈之です」

スタッフを車で送るまでの間で挨拶を交わしただけに終わってしまいました。それから数ヶ月後、久雄監督率いる『股旅ＵＳＡ』の撮影チームはアメリカ大陸横断の撮影行を無事に終え、帰国の途につきました。

そのころの兄が関心を持っていた話題と言えば、アメリカの大自然やヒューマニズム、映画の世界のことなどで、会うたびに毎回、聞かされ続けました。アメリカで働くことの魅力をさんざん語ると、兄は決まって、

「丈之、おまえも一度はアメリカへ行ってみたらどうだ？」

と私に言うのです。兄が楽しそうに話す様子を見るにつれ、私の中でアメリカでのカメラマンの仕事は、大きな夢となって膨らみ始めていきます。自分でもアメリカでの仕事について調べることが多くなっていきました。

ある日、兄から連絡が入りました。

「おまえのアメリカ行きに、協力してくれる人が見つかるかもしれないぞ！」

私のスポンサーになれそうだという、ロサンゼルス在住のアキ飛鳥井こと飛鳥井マサアキ氏のことを兄は語り始めました。飛鳥井氏は当時、アメリカの人気音楽番組『ソウル・

トレイン』のテレビ放送権を握る映像制作プロダクションの社長で、兄は、この番組のビデオ素材を日本側に向けてマネージする立場でした。そのため、飛鳥井氏とは懇意にしていたのです。

飛鳥井氏から「カメラマン兼制作アシスタントを募集している」という話を聞いた兄は、咄嗟に私の顔が浮かんで、声をかけてくれたのでした。こんなチャンスはないぞ！――心を昂《たかぶ》らせた私は、早急に自分の職務履歴などをポートフォリオにまとめ、対面した時に何を話せばいいかなど入念な準備をし、飛鳥井氏の来日を待ちました。

まもなくして都内のホテルで飛鳥井氏と直接お会いし、面談となりました。

「わかりました」

私が用意したい書面に目を通した飛鳥井氏はシンプルにそう言って、面談は実にあっさりと終わりました。手応えもなかったので、飛鳥井氏がどんな印象を私に対して持っていただけたのか、見当もつきませんでした。

その後、私は飛鳥井氏の返事を待ち続けました。しかし、３ヶ月経っても何の音沙汰もありません。これは無理だったか――とあきらめかけていた時、飛鳥井氏から国際電話の連絡が入ったのです。

「実はイミグレーションの規定で、渡辺丈之くんの経歴では職人としての外国人の就業ビザの発行対象に該当しないということになっているのです」

第1章

黒澤明、高倉健との出会い

「外国人には発行できないのですか!?」

渡米できることを期待していた私は愕然としました。

当時、外国人がアメリカに入国をする条件として、観光ビザであればスムーズに取得できたのですが、現地で暮らして働くことが目的の就業ビザの取得には厳しい条件があったのです。「職人」としての入国であれば、例えば料理人、特に数が少なくて需要も大きい寿司職人は取得しやすかったようです。私のようなカメラマンとなると、同じ職業のアメリカ人が多いので取得しづらく、むしろアメリカ人の仕事を奪うことにもなりかねないという理由で、受け入れてもらうこと自体が厳しかったのです。

そこで飛鳥井氏は、ある提案をしてくれました。私が一旦、学生ビザで入国するということでした。まずは語学力アップのために現地の語学学校UCLA EXTENTIONとサンタモニカ・カレッジの入学申請を勧められました。ただ、そうするにしても、入学申請から許可までにも時間を要するということでした。しかも、いつまでには返事が来るという確約もありません。

そこで私は、入学許可が得られるまでの間、アメリカでの生活費や学費を稼ぎながら飛鳥井氏からの連絡を待つことにしました。アメリカでの資金はどれくらい用意すればいいのかもわからなかったので、とにかく貯められるだけ貯めようと、それまで所属していた会社を辞めて、フリーランスとしてしゃかりきに働きました。おかげさまで、それまでのタツノコプロでの仕事が評価されたおかげで、フリーランスになってからも、テレビアニメーションのシリーズ『山ねずみロッキーチャック』（73年、フジテレビ系）、『アルプスの少女ハイジ』（74年、同）などの大きなタイトルの作品に、撮影担当として参加することができたのです。

『アルプスの少女ハイジ』は、高畑勲氏と宮崎駿氏という名匠同士のタッグ作品だった。Ｔａｋ氏は、両監督から作品性を理解するうえでの技術的な対応方法や注意事項などの説明を仔細に受けたという。さらに掲げられたことが、「映像はきれいに速く、オンタイムで撮影をこなさなければならない」。つまり、速さとクオリティ勝負の作品ということだった。フィルムタイプ、アニメスタンド、カメラ、照明の色味、全てにおいて念入りにテストを重ね、準備に入っていた。

『ハイジ』のことを少し話しておきたいと思います。監督お二人から指摘されたことの中に、フィルムの再現性のことがありました。それまで提供を受けていたメーカーのフィルムで撮影したアニメーションの出来栄《できば》えは、色味や空気感がぼんやりしているとのことでした。

高畑監督と宮崎監督とのチームは、この作品づくりのためにスイスまでロケーションハンテイングをしたほどでしたから、いかに現地の空気に絵で迫れるのかが大きなテーマだったのです。『ハイジ』を制作していたズイヨー映像は、お二人のリクエストに応える格好で、この作品では、それまで主流だったコダックから富士フイルムのニュータイプのフィルムに変えて撮影することになりました。富士フイルムがコダックのフィルムに対抗するように開発したフィルムがちょうど発表されており、実際、それで撮影したところ、美しいスイス・アルプスの雪山や草原の緑、抜けるような青い空と白い雲のコントラストなど、非常にリアルなアニメーションが再現できたのです。

高畑さん、宮崎さんも仕上がりをご覧になって、とても喜んでいただきました。その後、宮崎さんとはまた別の場面で再会することになるのですが、ご縁とは不思議なものですね（第5章参照）。

『ハイジ』は放映期間の1年間、高い視聴率をキープしました。私が担当した撮影作業は全52話。放映開始からしばらくは順調に進行していったのですが、中盤以降から後半にかけては、作画の上がりが遅れ気味になることが多く、撮影は週1回の徹夜作業を伴うものになっていきました。放映は毎週日曜日午後7時半から8時でしたが、声優のかたがたの音録《おとど》り（録音）も含めて、毎回、放送日当日の夕方にテレビ局に納品するというギリギリのスケジュールとなりました。それだけ関係各位の熱量が高かったということの表れでもあり、時間的にきつくはありましたが、充実した日々でしたね。

アメリカへの片道切符

1975年4月、ベトナム戦争が終わりを迎えようとしたころだ。アメリカは南ベトナムを軍事支援していたのだが、ソビエト連邦（現・ロシア）ほか共産圏国家が支援する北ベトナムのゲリラ戦や民衆の激しい抵抗による戦況の泥沼化、さらにはアメリカ国内での反戦運動の高まりなどによって、ベトナムからの撤退を余儀なくされてしまう。巨費を投じた挙句の敗戦・撤退は、アメリカ経済に深刻なダメージをもたらした。そこから再び経済を立ち直らせるために、アメリカ政府は海外からの観光客をはじめ、様々な人材の受け入れを始めていく。同年秋、渡辺氏のもとに、渡米計画の相談をしていたロサンゼルス在住の飛鳥井氏から約2年ぶりの連絡が届いた。これも経済事情悪化に関連しての入国条件の変化が理由だったのかもしれない。ようやく渡米の受け入れ態勢が整ったという朗報となった。

アメリカで就業ビザの取得ができず、一度は諦めたアメリカ行きも、2年の歳月を経て、ようやく第一歩というチャンスが回ってきました。この喜びはとても大きかったです。これはアメリカへの片道切符であり、私は成功するまで二度と日本には戻らない覚悟でいました。しかし、本当に現地で仕事をして生活ができるのだろうかという不安や心配は常についてまわりました。

当時の私には交際相手がいました。同郷の高校の後輩で、全日空にキャビンアテンダントとして勤務していた女性です。結婚も考える年ごろになっていましたし、できれば一緒にアメリカに行ってほしかったのですが、未来が見えない私についてきて幸せになれるのだろうか、彼女にも自分の人生があるだろう……そんな思いが先に立ち、アメリカへ一緒に来てほしいとは言えないまま、出発の時を迎えることになりました。

76年5月10日の夕方、羽田空港の出発ロビー。ハワイ経由のコリアンエアライン・ロサンゼルス便を待っていると、彼女が見送りに来てくれたのです。それでも私は、

「さよなら」

この言葉しか伝えることができませんでした。

「いってらっしゃい」

彼女からは、別れの言葉はありませんでした。彼女の同僚から聞いた話では、すぐに空港から帰らずに展望台に残っていた彼女は、私が搭乗した飛行機が見えなくなるまで見送っていたそうです。その話を聞き、彼女の気持ちの深さを受けとめた私は、日本にいる彼女に思いを伝えました。翌年、彼女は全日空を退社すると、私が働いている映像制作会社「サンウェスト・プロダクション」があるロサンゼルスに来てくれたのです。

CA 時代の雅子夫人。トライスター機の前で。

すぐに結婚式を挙げることなどできませんでしたが、新たな人生の伴侶《はんりょ》を得て、第二のステージの始まりとなりました。私に自分の人生を懸けてくれた彼女に後悔をさせるわけにはいかない。私は一所懸命に働きました。言葉の壁、アジア人への差別など、アメリカは高い壁となって私の前に立ちはだかりましたが、憧れの地で職を得られたこと、その先に求めていた夢の大きさには比べるべくもありません。

渡米からまもなくして私は、名優・高倉健さん、世界のクロサワこと黒澤明監督と出会うこととなります。しかも、お二人が亡くなるまでプライベートからオフィシャルな面にまで関わる存在に自分がなるとは、その時点ではとても想像できないことでした。この辺りの経緯を、これからの項でお話ししていきたいと思います。

高倉健のCM撮影アテンド役として

渡辺氏は結婚後、妻方と養子縁組をし、阿部丈之となった。アメリカではもっぱら愛称を交えたTａｋ阿部を名乗る（以下、文中の呼称はTａｋとする）。米国では前述の制作会社「サンウェスト・プロダクション」に所属し、CM制作、モデル撮影などを扱うカメラマンとして、またアシスタントプロデューサーとして映像制作などにもかかわるようになっていく。ある時、同社は日本の三菱自動車「ギャラン・シグ

マ」のCM制作を請け負った。1978年のことだ。Tak氏は物《ブツ》撮り担当として制作に加わった。CMは、『風と共に去りぬ』のタラの家のように豪華なプランテーションをジョージア州アトランタで、また、ヘミングウェイが愛したフロリダ州キーウエストで、ギャラン・シグマの世界観を見事に表し、日本でのギャランのセールスにも大いに貢献した。その成功もあり、CMは第2弾も継続して請けることになる。そこで起用されることになったのが、俳優・高倉健だった。

渡米後、永住権取得までの3年間は職場（サンウェスト・プロダクション）と現像所へ通い詰め、カメラや照明などの技術を身につけることに専念していました。毎日、英語学校へ通学しながら仕事もこなしていたのです。スチルカメラでの撮影、ビデオ撮影のアシスタント、さらにはビデオの編集に至るまで、あらゆる現場仕事を担当していました。サンウェストが請けたギャラン・シグマの広告の仕事で、私はポスター撮影の制作コーディネートを担当しました。撮影地は、ロサンゼルスの北東に広がるエルミラージュの乾燥した大地。ドライレイクと呼ばれる水の干上がった広大な湖底で撮影したものでした。これがクライアントからかなり高評を得られたため、再び私は制作に加わることになったのです。

CM第2弾として、高倉健さんの起用を決めたということを、担当していた日本の広告代理店から聞きました。今回の私の担当は、撮影現場ならびに現地でのコーディネートと高倉さんのアテンドでした。

　高倉さんといえば、この撮影以前から押しも押されもせぬ人気俳優です。決して粗相があってはならない。しかも代理店の担当者の話によれば、高倉さんからＣＭ出演の承諾を得るまでには、数年に及ぶ交渉の時間を要したとのこと。その担当者は、高倉さんが訪れる撮影現場などを全国各地まで追い続け、企画の説明を繰り返したのだそうです。高倉さんから「出演する」という返事を得るための執念と意気込みが伝わってきたものでした。

　クライアントと広告代理店側は、名優・高倉健の起用が決まったことに嬉々としていましたが、私にはちょっと温度差もありました。熱心な高倉さんファンだったわけでもありませんし、私自身との年齢差も22歳と大きく開いていましたから。申し訳ない話ですけれど、芸能人に対して個人的な関心が薄かったのです。

　さらに言えば、私の幼少期、祖父は新潟で大型船の船長をしており、周囲には荒くれ者の船員らが群れていました。たまに祖父に会いに行くと、その船員たちの強面《こわもて》な容貌と、彼らも当時人気だった任侠映画を好きだったこともあって、幼い私には恐怖感ばかりがありました。ヤクザ役を演じていた高倉さんをトラウマのように彼らと重ねて見てしまっていたことも、高倉さんへの関心の薄さにつながる部分だったのかもしれません。

　地元の映画館で上映される作品にも、任侠映画は確かに多く、大人気でした。高校生くらいになると、学校の不良たちが酒やタバコをたしなむようになり、任俠の世界への憧れを語る者が出てきます。当然ながら、高倉健さんに心酔する不良高校生たちもいましたから、私としてはちょっと敬遠しがちだったことを思い出します。私はどちらかというと、例えば、『兄弟仁義』（監督・山下耕作　出演・松方弘樹ほか　66年）なら映画自体よりも主題歌となった北島三郎さんの歌のほうが好きでしたからね。

現地のコーディネートを任された私は、改めて高倉健という人物を調べてみました。高倉さんは、東映のニューフェイスで主演デビュー後、任俠映画で人気を博した大スター。その後、東映を辞めて独立すると、『君よ憤怒の河を渉れ』（監督・佐藤純彌　76年）で新境地を切り開き、『八甲田山』（監督・森谷司郎　77年）、『幸せの黄色いハンカチ』（監督・山田洋次　同）で78年の第1回日本アカデミー賞最優秀主演男優賞を受賞され、国民から愛される俳優となっていたことを知りました。

すごい俳優さんだな――当初持っていた任俠イメージは、高倉さんのことを知るほどに消えていきました。どんな人物なんだろう？　直接会って話してみたい――私の中で高倉さんへの興味はますます膨らんでいったのです。

高倉健と砂漠での初対面

ギャラン・シグマのCM制作に話を戻します。撮影場所に決まったのは、前述の通り、アメリカ・カリフォルニア州のモハビ・デザートにあるエルミラージュ・ドライレイク。フランス語で「蜃気楼《しんきろう》」を意味します。広大な大地は、かつて湖だった場所が砂漠化して生まれた自然の驚異のなせる業であり、広大かつフラットな大地が延々と広がっています。

ここは映画関係者にもなじみのある場所で、大ヒットなった森村誠一氏原作の『人間の証明』（監督・佐藤純彌　77年）、『野性の証明』（監督・同　78年）の撮影でも使われました。高倉さんは後者に出演して元自衛隊員役を演じ、共演したのは少女時代の薬師丸ひろ子さんでした。

エルミラージュは砂漠地帯で、人は住めず、街灯すらない。東京都で言えば、品川区くらいの広さがある。ジャンボジェット機も離着陸できる広大な砂漠であり、スペース・シャトルがこの近くのエドワード空軍基地に着陸したこともある。いまでもトヨタをはじめ世界各国の自動車メーカーが新車の走行シーンの撮影に使用したり、スピードトライアル競技の聖地としても知られている。

午前9時（時間要確認）、ギャラン・シグマの撮影隊をはじめ、広告代理店の担当者と私は、エルミラージュに到着し準備をしていました。午後1時の予定だった高倉健さんの到着待ちをしていました。

ところが、約束の待ち合わせ時間になっても、高倉さんを乗せた車が来ません。

「おいっ、高倉さんはどうしたんだ？」

「ドライバーは、待ち合わせの場所をわかっているんだろうな！」

撮影隊の間で、不安と戸惑いの声が錯綜し始めていました。

エルミラージュは途轍《とてつ》もなく広大な砂漠地帯です。高倉さんの車のドライバーには待ち合わせ場所も伝えていたらしいのですが、目印となるものがわかりづらいこともありましたが、実際はうまく伝わっていなかったのかもしれません。初めてこの場所を訪れるドライバーには難しい場所だったのです。

「いったい、どこから撮影地に入ってくるんだ？」

スタッフらは、それから何時間も先の陽が落ちてしまってからのことを心配していました。万が一、迷ってしまえば、街灯などがないので、陽が落ちれば辺りは暗闇になります。暗闇の砂漠の中では方向感覚がおかしくなってしまって、たどり着けなくなるだけでなく、へたをすれば永遠にさまよい続けることになりかねません。何より、多忙な中をやりくりしてお越しいただいている高倉さんに迷惑をかけてはいけない――焦りと不安がスタッフたちの表情に浮かんでいました。

私はこの時、改めて自分の失態に気づきました。コーディネーターとしての役割をきちんと果たせていなかったのです。本来は高倉さんが宿泊しているロサンゼルスのホテルまで直接私が迎えに行き、撮影地のエルミラージュまで連れてこないといけない立場だったのです。

ドライバーに任せていれば大丈夫だろうと、安心していたのです。その結果、撮影隊をはじめ企業側、何よりも高倉健さんを不安にさせてしまったのではないかと、強く後悔していました。

約束の時間から1時間が経過しても、高倉さんを乗せた車は現れる気配がありません。

これは、本当にまずいぞ……。

撮影隊と企業ならびに広告代理店担当者らが集められました。

「ドライバーは撮影地がわからず、きっと迷っていると思う。砂漠地帯でもあるから、どこから入ってくるかは我々にもわからない。各自分散して、入り口と思われる場所に目印として立つことにしよう」

リーダー格の人物の言葉と共に、スタッフたちは四方八方に散らばりました。

どこだ？　高倉さんはどこから来るんだ……？

私は、茫漠と広がるエルミラージュを見渡し、広大な場所の入り口のひとつを決めると、炎天下に停めた車の中で待ち続けることにしました。

それから数時間後、黒のキャデラックのリムジンが砂煙を上げて、ものすごいスピードで向かってきたのです。

あの車だ、きっと高倉さんが乗っているに違いない！

車内から外に飛び出した私は、目印代わりになるよう、両手を大きく振り続けました。キャデラックの運転手は私に気づいたのか、目の前で停車しました。外国人ドライバーが窓を開けて、顔をひょっこりと出しました。

「ここは、エルミラージュか!?　ミスター高倉を待っている日本企業か……？」

疲れ切った表情のドライバーが訊ねます。

「Ｙｅｓ！」

ドライバーの言葉に、私は思わず安堵感が込み上げました。すると、後部座席の窓がスーッと開き、日焼けした精悍な顔つきの男性が、サングラスを外してギョロッとした鋭い目つきで私に話しかけてきたのです。

「高倉健です。三菱自動車の関係の方ですか？　撮影地はここでいいのですか？」

高倉健さんの第一声はドスが利いていてすごみがありましたが、どことなく優しさを秘めてもいる印象がありました。

「はい、そうです！　お疲れさまでした！　このたび、ＣＭ撮影のコーディネートを担当します渡辺Ｔａｋと申します！　よろしくお願いいたします！」

高倉さんもようやく到着したことに安心されたのか、私の言葉に微笑《ほほえ》んでくれました。

すぐさま、私の車で先導し、撮影場所にお連れしました。黒いロングキャビンのキャデラックから降り立った高倉さんは、サングラスを外し、三菱自動車の関係者や撮影隊のスタッフらに向けて深く一礼をしたのです。

「高倉健です。本日はどうぞ、よろしくお願いします」

私は、高倉さんの美しい姿勢に礼節を重んじる一面を感じました。その瞬間から高倉さんの周りの空気感が変わり、撮影スタッフらに緊張感が走っていることを目の当《ま》たりにしたのです。

砂漠の真ん中でガス欠の危機一髪

高倉さんとのギャラン・シグマのＣＭ撮影中は、しばしば沙漠独得の砂埃《すなぼこり》が立つため、撮影車にはそれが積もってしまいます。そのため、私と車両部担当の２人で、30分ほど行ったところにある湧水で撮影車を洗いに、撮影場所と湧水のあるところを行き来していました。撮影は夕刻に無事に終了し、撮影隊一行は先にロサンゼルスへ戻るため現地を出発しました。三菱自動車のメカニックや関係者、広告代理店の社員たちは、高倉さんのリムジンと私が乗るレンタカーがいつまでたっても来ないので、およそ50キロ先の砂漠の途中にあるガソリンスタンドで心配しながら待っていたのでした。

私が最後にロケ現場の確認を終えると同時に、高倉さんも再びキャデラックに乗り込みました。私は高倉さんのヘアメイク担当の女性を自分の車に乗せて、キャデラックを追走し始めました。ところが、ふとガソリンタンクのゲージを見ると、針がエンプティ（ｅｍｐｔｙ＝空）を指していたのです。

どうしたことか？　ガソリンは満タンにしていたはずなのに、なぜ空になっているんだ？

数キロ走行すると、ガソリンゲージに警告灯が点灯しました。

まずいぞ。自分一人ならまだしも、このままガス欠になれば、同乗しているヘアメイクの女性までも砂漠に置き去りにしてしまう……私は危機感を抱き、車がガス欠で止まってしまう前に、ある行動に出たのです。

私は車のアクセルをベタ踏みして、ハザードライトを点滅させながら高倉さんのリムジンを追い越して、前を塞《ふさ》ぐように停車しました。

リムジンの外国人ドライバーが窓から顔を出し、何かあったのだと察して停まってくれました。私はすぐさまリムジンに駆け寄ると、すぐに後部座席の窓がスーッと開き、高倉さんが顔を出して訝《いぶか》しむように尋ねてきたのです。

「どうしたんだ」

高倉さんは、一瞬で私の焦りを見抜いたのだと思います。そんな表情をしていました。

「高倉さん、すみません！　実は私の車がガス欠寸前で、街まで走行するのが厳しくなりました。大変申し訳ないのですが、私の車に乗っているヘアメイクの彼女を高倉さんの車に乗せていただけないでしょうか？　私は走れるところまで行って、助けを呼ぶなりしますから！」

不躾《ぶしつけ》なお願いであることは重々理解していましたが、なりふり構ってはいられず、必死に訴えていました。

「いいよ」

拍子抜けするくらい穏やかな口調で、高倉さんは私の依頼を受け入れてくれ、彼女を後部座席に乗せてくれたのです。

私の車を先頭に、再び2台は走り始めました。リムジンに続いて砂漠の道を走り続けたのですが、やはり数キロ先で私の車のガソリンは尽き果てて、止まってしまいました。辺りには広大な砂漠が広がり、延々と続く一本道。終わった……私はすぐさま車を降りて、高倉さんの乗ったリムジンを停めました。すると、ドライバーが窓からひょっこり顔を出しました。

「（おまえの車を）Ｐｕｓｈするよ」

えっ？　私の車をその高級リムジンで押すなんて。さすがにそれはまずいよ……そう思った私は、後部座席の高倉さんに声をかけました。

「高倉さん、ドライバーが車を押すと言ってくれているのですが、本当によろしいのですか？」

「もちろんだよ」

高倉さんは笑顔で言ってくれました。

本当にいいのかな……申し訳ない気持ちでステアリングを握っていると、高倉さんを乗せたリムジンのバンパーが私の車の後部バンパーにぴたりと接触してきたのです。

「行くぞ」

ドライバーが声をかけると、私の車を押しながら走行し始めました。私はハンドルを握りしめると、手のひらが汗でぐっしょり濡れているのがわかりました。ガス欠で車を止めたこともなく、ましてや自分の車がほかの車に直接押されることなど初めての体験でした。もちろん、その時も心配でならなかったのは、高倉さんのことです。

あのキャデラックには、高倉さんが乗っている。こんなふうに車同士をくっつけて押している時に、万が一にも事故など起きてしまったら……。

２台の車が縦列の状態でくっつき合いながら走行しているなんて、普通は有り得ないことです。砂漠を横断する道をすれ違ったトラックドライバーたちは、私たち2台の様子を奇異なものを見る表情で振り返っていました。

人間・高倉健の卓越した観察力

高倉さんの高級リムジンが私のレンタカーを押している状態でガソリンスタンドに着くと、そこには三菱自動車と広告代理店の関係者たちが心配しながら高倉さんを乗せたリムジンを待っていました。

奇妙な光景を目にした彼らから質問攻めになったのは言うまでもありません。

「いったい、何が起こったのだ？」

私は自分の車がガス欠になったことで、高倉さんが乗車しているリムジンにヘルプしてもらったことを、関係者に伝えました。

「なんだとーッ!?」

誰もが呆気《あっけ》にとられていました。もちろん、私の基本的なミスであることは間違いないし、砂漠のど真ん中でクルマがガス欠になるなんて、コーディネーターとして失格です。

とはいえ、私自身はガス欠になったことは不自然な出来事であり、正直、納得できず不満でしたが、結果的に高倉さんにご迷惑をかけてしてしまったのは事実でした。

さらに、トラブルの詳細をみんなに伝えました。ガス欠から高倉さんのキャデラックでクルマを押してもらった話を聞いた一部のスタッフからは、冷たい視線と罵声を浴びたのです。

「Ｔａｋ、君はプロのコーディネーターではない」

「高倉さんのキャデラックに自分の車を押させるなんて、失礼な奴だ」

多くの誹謗に近い言葉が飛び、反論したかったのですが、私は一切言い訳もせず、黙っていました。すると高倉さんは、スタッフが集まる場所に姿を見せると、こう話したのです。

「私は見ていたが、ガス欠は彼のせいではないよ」

そして、ガス欠の要因と思われることをみんなに説明してくれたのです。

前述の通り、私は撮影中に埃まみれになった撮影車を定期的に湧水で洗車していました。その間、空いていた私の車が、暇を持て余していた関係者たちに乗り回されていたと高倉さんは言ったのです。なかなか出かけることのない広大な砂漠を走ってみたくなったのでしょう。勝手に運転を楽しんでいたようです。高倉さんはこう続けました。

「きっと砂漠の中にある岩に、車の下部をぶつけてガソリンタンクに穴が開き、中のガソリンが漏れてしまったのだろう。だから、ガス欠は、彼の責任ではない」

私がすぐにガソリンの給油をしたところ、車の下からガソリンが漏れ出したのです。三

第1章

黒澤明、高倉健との出会い

高倉健との写真はこれが初。初対面からしばらくたってからだ。

菱自動車のメカニックが私の車のガソリンタンクを調べてみると、高倉さんが言った通り、タンクに穴が開いていることが判明したのです。応急処置で、メカニックは落ちていた木を拾うとナイフで削り、タンクの穴を塞いでくれました。

「よかったな」

高倉さんは笑顔を見せると、ポンと私の肩をたたいてくれました。

高倉さんは、自分の撮影中にもかかわらず、周囲をよく観察されている。すごい人だな……。

驚きと尊敬。この出来事で私は、俳優としてでなく、〝人間・高倉健〟に魅了されてしまったのです。その後、高倉さんが飛鳥井さんを訪ねてオフィスに来た時があり、そこでも帰り際に私を見つけ、さらっと「がんばってるな」と声をかけてくれました。そうした心配りに触れてまた、高倉さんに惹き付けられてしまうのです。

世界のクロサワの前で金縛りのように

Ｔａｋ氏が故郷の新潟から上京したころの話に戻す。前に触れていたが、実兄（清也氏）は東宝株式会社のテレビ映画部に勤務をしていた。Ｔａｋ氏は18歳の若者だったが、上京後に得た仕事は３ヶ月で辞めてしまった。次の仕事を探していた時、兄と

一緒に黒澤明監督が住んでいた都内のマンションを訪ねる機会があった。世界のクロサワの偉大さを、片田舎に育った若者は到底理解できておらず、父と観た映画を撮った監督としての印象しかなかった。

「丈之、黒澤監督のところに行く用事ができたが、お前も一緒に行けるか？」

私はふと、中学一年生の時、父に連れられ、地元の映画館で初めて映画を見たことを思い出しました。それが黒澤監督の『七人の侍』だったのです。三船敏郎さん演じる百姓あがりの侍が言ったセリフが、実家の農家を手伝っていた私には強く響いたものでした。

あの映画監督か……。

黒澤監督を訪ねるのは複雑な心境でしたが、私は一緒に行くことにしました。

監督が住んでいる場所は、都内の高級住宅地の一つである目黒区の高級マンションでした。田舎から出てきて、まだそれほど経っているころではなかったので、都会の高級住宅は別世界でした。瀟洒《しょうしゃ》な建物が集まっていること、何より電車で移動した道中に、あまりにも人が多かったことにも驚かされました。

映画監督は、こういうところに住んでいるのか……。

黒澤邸の正面玄関の重厚な扉を見てさらに驚き、マンション内のセキュリティがすごいことにも目を見張りました。新潟の木造の実家では、鍵をかけたこともなかったのですから。全くの別世界に飛び込んだ気持ちでいると、兄がインターホンを押しました。するとドアを開け、黒澤監督本人が出てきました。私の頭のてっぺんから爪先まで見られている感じがして、まるで金縛りにあったような気がしたのを覚えています。

緊張のあまり空白のような一時《いっとき》が流れ、踵《きびす》を返した監督の広い背中を見ながらドアが閉じられました。これが人生初の黒澤監督との対面。その後、まさか監督のことを「お父さん」などと呼ぶ関係になるとは、まったく思いもしませんでした。

黒澤監督との初対面と同様に、黒澤監督の長男・久雄氏との接点も、すでに記した通り、Ｔａｋ氏の兄・清也氏による紹介に始まった。久雄氏が自ら手がけた企画番組の制作に兄が携わっていたためだ。

久雄氏とお話ししたのは、兄がかかわっていた『股旅ＵＳＡ』の件で、空港までのドライバー役を務めさせていただいた時以来ですから、電話での会話でしたけれど、10年ぶりのことです。当時の私は渡米を果たして、アシスタントカメラマン、現地コーディネーターとして仕事を始めていました。

久雄氏の活躍はもとより、黒澤明監督の名声はハリウッドはもちろん、アメリカの映像関係者の間で大きく轟《とどろ》いていましたし、久雄氏にしても、自身で手掛けたドラマによって、その活躍は広く知られる存在となっていました。

ある時、兄は久雄氏との会話で、私が渡米していて、どんな仕事に就いているのかを話したそうです。すると、まもなくして、久雄氏から私あてに電話がかかってきました。

現地でのコーディネートの依頼でした。黒澤監督自身もアカデミー賞受賞のことなどもあり、ロサンゼルスを訪れることはたびたびあったようですが、プライベートでも訪問をしていたのは知りませんでした。黒澤監督がプライベートでアメリカ入りする際には、その時に手掛けていた作品の配給会社ではないのに、わざわざ別の某配給会社の米国支社の担当者が迎えに来ていたようです。

ハリウッドではやはり黒澤監督の影響力は大きく、その某社にすれば、黒澤監督との関係性を強調することがまた新たな仕事につながっていたのだと聞きました。それに関する収益などをめぐる様々な疑問が監督サイドにあり、久雄氏としては監督がプライベートで渡米した時のコーディネートは別の者に任せたいと考えたようで、兄が私のことを話してくれたおかげで白羽の矢が立ったのでした。

この時、私は28歳になっていました。黒澤邸に兄と訪ねていった初対面からちょうど11年、早いものです。黒澤監督とのアメリカでのエピソードはまた別の章でお話しいたしますが、ありがたいことに、黒澤監督は私のことを信頼してくれ、

「アメリカには、渡辺くんがいるから大丈夫なんだ」

と言っていただけました。こうして黒澤監督との長い関係が始まっていったのです。

クロサワ・エンタープライズUSAの設立

念願のアメリカ永住権を取得できた私は、フリーのカメラマンとして、またプロダクションコーディネーターの仕事も順調に増えていき、多忙な日々を送っていました。黒澤久雄氏ともロサンゼルスで会う機会が増えて、私のことを愛称のＴａｋで呼んでくれるようになりました。

ある日、久雄氏から思いもよらないサプライズの提案がありました。

「Ｔａｋ、俺は親父の作品をもっと世界に知ってもらいたいと思っている。そのためには、やはりハリウッドとのつながりをもっと太くするために、アメリカに会社を設立しようと思っているんだ。きみに手伝ってもらいたいのだが、どうだろう？」

国内に設立した「株式会社黒澤エンタープライゼズ」、続いて「黒澤フィルムスタジオ」を立ち上げることを久雄氏は考えていたのです。

「ハリウッドに、ですか？」

ありがたいけれど、自分で役に立つのだろうか……という不安が先に立ちましたが、私は思い切って挑戦する意思を伝えました。

「私でお役に立つならば、ぜひお願いします！」

久雄氏は満面の笑顔を浮かべ、私に握手を求めてきました。これがクロサワ・エンタープライズSUSAの立ち上げの場であり、やがて、その後のアメリカや世界への黒澤作品の足掛かりをつくっていくことになるのでした。

82年5月27日、黒澤監督の映画作品を海外でプロデュースし、著作権管理などを行う現地法人として、クロサワ・エンタープライズUSAが設立された。オフィスは映画の街・ハリウッドに置かれた。主な事業内容は、映画、アニメーション、TV映像の企画制作および配給、コーディネート。さらにはCF、PR映像の企画制作、リサーチや交渉（著作権などの取得交渉および管理）なども手掛ける。スタジオ・ジブリの宮﨑駿氏にも影響を与えたフランスのコミックアーティスト「メビウス」ことジャン・ジローのマネージメントも、のちにTak氏は同社で担当することになる。メビウスとのかかわりは、第5章にて詳述する。

黒澤明監督は、世界的な巨匠として映画関係者から熱く注目されていたため、ハリウッドを中心に海外の配給会社や外国人プロデューサーたちからの「黒澤作品のリメイク版をつくらせてほしい」といった問い合わせは、クロサワ・エンタープライズUSAの設立前から、久雄氏をはじめとする黒澤監督の周辺には殺到していたといいます。

日本の配給会社がその窓口を務めていた時期もあったのですが、クロサワ・エンタープライゼズＵＳＡがそれを管理するようになっていきました。

黒澤監督には、次の作品の制作過程で、多くのスタッフを確保しておく必要がありました。その拘束期間には、当然、ギャラの支払いが発生します。そのための利益の確保も、映画制作を続けていくためには不可欠でした。常に作品づくりに心血を注いでいたのです。

クロサワ・エンタープライゼズＵＳＡの設立に加え、テレビ局に対して黒澤映画の放映権を与えることで新たな利益を生み出すことも、久雄氏は考えていました。彼と仕事を一緒にしていた私の兄もそこに加わり、テレビ局との直接交渉を進めていったのです。

当時、黒澤作品の新作を見られるのは、基本的に映画館だけでした。それを解禁することで、さらに広い層に黒澤監督の映画に触れてほしい。そして、それが会社的な収益にも結び付けばと考えたのだと思います。某局との間で落着した例で言うと、『影武者』（80年）に関しては、１９８１年の段階で年１回の放映で異例のディールとなり、当時では破格のギャラでした。

「僕はね、フランシス・フォード・コッポラ監督と直接やりとりしたいんだけど……。間に関係のない人たちが入ってくるのが嫌なんだ」

黒澤監督自身は、そうこぼしていました。黒澤監督のそうした要望もあって、久雄氏は

第1章

黒澤明、高倉健との出会い

アメリカでの現地法人設立に動きました。黒澤作品を世界に知らしめるための戦略でした。私は、久雄氏から黒澤映画の世界市場への挑戦の話を聞きながら、まだ日本にいたころに出会った久雄氏、そして黒澤監督との出会いに思いを馳せていました。これは決して偶然ではない、ご縁があったのでしょう。

私は、渡米以来ずっとお世話になっていたサンウェスト・プロダクションを円満退社し、フリーランスとしてかかわる期間を経て、クロサワ・エンタープライゼズUSAの代表取締役社長に就任したのです。

クロサワ・エンタープライゼズUSAのオフィスを置く場所を、久雄氏は映画の本場であるハリウッドとした。構成メンバーは、黒澤久雄会長、代表取締役社長のTak氏、役員にはTak氏の妻・雅子氏と兄・清也氏。映像制作、タレントマネージメント、カメラ等機材のリース、そして黒澤明監督の権利マネージメントが主たるビジネスだった。「黒澤明」の個人名に関して、映像の権利とはまた別の支払いが生じる仕組みを取っていたという。例えば『七人の侍』の映像を使用する場合、著作権にまつわる支払いとなるが、監督名として黒澤明の名前が露出することは別扱いの支払いが生じることになっていた。当時もいまもこういった契約は非常に珍しかったようだ。黒澤監督のクリエイティビティと、久雄会長のビジネスセンスの融合が、同社の仕事

の幅と収益力を広げていったと言える。

アメリカで見つけた『影武者』上映事故

同社の代表取締役社長に就任して間もないころ、私は、妻と暮らすハリウッドエリアの自宅兼オフィスで多くの時間を過ごしていました。会社を立ち上げたはいいものの、自分が具体的に何から始めたらいいのかも、よくわかっていなかったのです。

それまでも会社組織には属していたものの、あくまでも現場の一カメラマン兼コーディネーターであり、マネージメントにかかわっていたわけではありません。かなり戸惑っていたのです。

黒澤グループのマネージメントの会社がアメリカで設立されたと広報宣伝することをまずは考えましたが、世界のクロサワを安売りするようにも思えて、積極的な宣伝活動はしませんでした。まずは現地での黒澤映画を見て勉強しておくか……そんなことしか考えつきませんでした。経営の素人ですからね。

そのころ、ハリウッドの映画館では、『影武者』が上映されていました。その様子を視察しておくことは必須だと思い、足を運び、劇場で改めて同作を鑑賞しました。館内は中高年の外国人で満席でした。さすがは黒澤作品だ、などと満足していたのですが、上映中、

第1章

黒澤明、高倉健との出会い

私はある違和感に気づいたのです。

おや……？

以前に見た『影武者』の映像とは明らかに違っていました。あの場面の次は、違う場面につながっていたはず……つまり、通常の映像が続かず、シーンを飛び越えて次の場面に飛んだ形で上映されていたのです。

おいおい、ちょっと待ってくれよ！

私は以前に同作を見ていたから気づいたのかもしれませんが、隣に座る外国人の観客たちを見ると、どうやら『影武者』は初めて見たのでしょう。違和感にまったく気づかず、黙ったまま鑑賞していたのです。

これはまずいぞ……。

すぐさま席を立った私が向かったところは、映写室でした。映写室には、一人の映写技師らしき男性が椅子に座って、のんびりと過ごしている様子でした。

「私はクロサワ・エンタープライゼズUSAの者です。この映画は間違って上映されている。直《ただ》ちに上映を止めて、修正してください！」

普段は冷静な私も、黒澤監督の作品が貶《おとし》められているように思え、頭に血が上っていました。自分でも驚くような剣幕で、まくしたてていたのです。何が何だかわからない映写技師はオロオロするばかりでした。そして、映画館の責任者も同席させて、原因を問い詰めたのです。

「どうして、こんな初歩的なミスが起きたのですか！」

「……こちらが上映するフィルムが入った缶です」

映写技師が恐々と指したテーブルの上には、フィルム缶が置かれていました。

うん……？

疑問に感じたのは、フィルム缶に記されていたのが漢数字だったことです。「一巻」「二巻」「三巻」、これを順番に映せばいいのですが……。

「表記がわからず、読めなかった……申し訳ない」

映写技師は、漢数字が読めずにフィルムの上映順を間違えていたことを打ち明けました。しかし、どうあれこのミスは「ああ、そうですか」で済まされる問題ではありません。映画が上映中、フィルム交換作業のため一時ストップすることにもなりましたから、当然、観客たちはざわついていました。

黙ってラストまで上映してしまえば、おそらく初めて『影武者』を見る観客からすれば気づかなかったかもしれませんし、一部には違和感を覚えることがあったとしても、最初からそういうものだと思って見過ごしていたことでしょう。ただ、黒澤監督の作品が本来の姿ではなく間違って伝わってしまうのは、アメリカでの黒澤映画の権利を守る立場として、許していいことではありませんでした。

一時期帰国した際、私は黒澤監督にこのトラブルを詳細に報告しました。黒澤監督は烈火の如く憤慨しました。当然のことです。

「だからそういうことは、ちゃんとしておかなきゃダメなんだッ!」

さらに監督が訝しんでいたのは、映画館のスタッフについてでした。

「映画館には配給会社のスタッフが常駐し、上映状況を必ずチェックするはずなんだ。それがなんだ、これは! 私は非常に気分が悪いッ!」

声を荒らげて憤る監督を見たのは、この時が初めてのことでした。

「映画っていうものは、〝頭〟と〝結〟を替えるだけでストーリーそのものが変わってしまうんだ」

以前、黒澤監督に言われた言葉を、申し訳ない気持ちと共に私は思い出していました。黒澤監督はカメラアングルに優れていましたが、ご自分で映像の編集をする、その編集技術にも定評がありました。自身の手で作品の細部までをつくり込んでいく。黒澤監督の映画づくりが、いかに全精力を傾けたものであるのか、映像への熱い思いを目の当たりにし、二度とこのようなことを起こしてはならないと、私が任された責務の大きさを改めて痛感したのです。

マイケル・ダグラスからのリメイク版オファー

1983年のある日のこと、クロサワ・エンタープライゼズUSAのオフィスに入った一本の電話の相手は、ハリウッド俳優のマイケル・ダグラスがプロデュースしている映画制作会社でした。マイケル・ダグラスといえば、高倉さんと共演した『ブラック・レイン』(監督・リドリー・スコット　出演・アンディ・ガルシア、松田優作、若山富三郎ほか　89年)が日本のファンの間でもよく知られていますが、俳優としてだけでなく映画プロデューサーとしても活躍していました。マイケル・ダグラスの会社からの相談は、黒澤作品のリメイク版に関するオファーでした。

『七人の侍』のリメイク権の問い合わせが来た!

私は、先方からの打診の内容を確認しただけで興奮が抑えきれず、電話が終わるなり、すぐに日本に戻るために、日本にいる黒澤監督に国際電話を入れたのです。

「お父さん、あのマイケル・ダグラスから『七人の侍』のリメイク版のオファーが来たんです!」

「お父さん」というのは、黒澤監督の呼称です。アメリカ法人を任されてしばらくしたくらいから、自然とこうしたフランクなものに変わっていきました。久雄氏の影響だと思います。私は声がうわずっているうえにかなり早口になっていたのでしょう。正直、初めてのビッグネームからのオファーに舞い上がっていたのだと思います。

「ハイ、ハイ」

受話器の向こうから黒澤監督の声が聞こえてきました。監督の「ハイ、ハイ」という言い方は、「うん、うん」という相槌《あいづち》と同じ意味を持っています。私は監督の返答の声を聞き、喜んでいただいている、と思い込んでいました。

取り急ぎ、私は覚書が必要だと思い、会社の顧問弁護士と共にマイケル・ダグラスの制作会社が入っているセンチュリータワーのオフィスへ向かいました。弁護士を挟んでの相談には費用が発生します。こちらとしてはその経費をかけたくないので、少し強気な態度で対応しました。

覚書のほかにも提示された契約書は数ページ程度の薄っぺらなものでしたが、初めてハリウッドの会社との契約を締結する機会だったので、いくらハリウッドとはいえ、こういうものなのかと安易に考えていたのです。

「OK、要件はわかりました。黒澤に確認し、返答します」

私はそう答えると、早くもリメイク版『七人の侍』の主演は誰が務めるのかなどに空想を膨らませていました。ハリウッドでの私の大きな初仕事だということで、頭がいっぱいになっていたのでしょう。私は先方のオファーの内容に対して何も疑問を持たず、相手に対してリクエストさえもせず、受理していたのです。

いま思えば、まるでアルバイトのボーイみたいなもので、これでは黒澤明監督へ書類を届けるだけの〝伝書鳩〟でした。

監督の喜ぶ顔が見たくて、すぐに帰国した私は、成田空港から世田谷区成城の黒澤邸へ直行しました。家には監督だけで、これまでのようにリビングルームではなく、その傍のダイニングテーブルに向かい合いました。

以前のこんなやり取りを思い出しました。

「これは、江戸時代の伊万里焼だよ」

焼き物の知識がなかった私には、その価値がわかりませんでした。江戸時代のものを手に入れ、それを飾ったりするのではなく、黒澤邸ではふつうにご飯を盛って使っているのです。落として割れたらどうしようか……その茶碗を使う時は、食事が喉を通らなかったものです。

監督の居室は、主に2階の寝室と書斎でした。それから数年後に訪ねた時には、書斎の壁一面にしつらえられた書棚に、妙な形をした置物がずらりと並んでいました。それらはデザインや形が一枚一枚すべて異なる「瓦」でした。まさに屋根に使う瓦です。監督は以前、撮影のロケ地などを訪れた際、瓦を見つけて手に入れたようですが、いまでは文化財のようなもので、手に入りにくいものでした。

愛煙家の監督はセブンスターの煙をゆっくりとたちのぼらせ、穏やかな表情を浮かべていました。

黒澤監督が指を突き付けて激怒した日

「ハイ、ご苦労さん」

早速、作品のリメイク版について訊ねてきました。

「お父さん、あのマイケル・ダグラスさんから『七人の侍』のリメイク版のオファーがあったのです。こちらが覚書と契約書になります、どうぞ！」

きっと喜んでくれるはずだ！　私の胸は黒澤監督の笑顔を期待して高鳴りました。

しかし、Ａ４サイズ数枚の覚書と契約書を手に取ると、黒澤監督の態度は急変し、吸っていたタバコを灰皿にぎゅっと力を込めてひねりつぶしたのです。

え？　どうしたんだ？　なにか私は粗相をしてしまったのか……？

監督の温和な表情がふっと消えた途端、リビングの中は急に重い空気があふれてきました。さらに監督は、セブンスターの箱の口から新たなタバコを取り出そうとしていましたが、太い指が煙草の箱の穴になかなか入らず、なんとかこじ開けてはタバコを抜き取る作業を繰り返していたのです。

監督は、イライラしている……。

一瞬の出来事でした。

タバコを持たない右手の太い指先が、私の額に向けて拳銃を突きつけるかのようにドーンと突き出され、黒澤監督は私に向けて大声を張り上げたのです。

「君は、何もわかっていないッ！」

……え!?

真正面に座っていた監督から突き出された指で、私は額を撃ち抜かれたような衝撃を受けていました。金縛りにでも遭ったかのように、体が固まってしまい動かすことができません。

「……」

「……」

監督は無言、私も言葉を発することができず、向かい合ったまま。わずか数十秒だったと思いますが、私にはとてつもなく長い時間に感じたのです。

あまりの迫力、凄まじさでした。10年ほど前、私が監督の自宅に兄と一緒に訪ねた時に交わした、あの優しい口調などはなく、恐怖しか感じませんでした。

「橋本忍さんのところへ行ってきなさい」

監督の次の言葉は、その一言だけでした。どんな理由で私を叱責したのか、理由は教えてくれません。橋本忍さんは脚本家で、黒澤監督の数々の代表作の脚本を担当されてきたかたで、黒澤作品の契約にも常にかかわっていたということでした。

「はいっ！」

返事をするだけが精一杯でしたが、それでも我に返った瞬間、きっと、契約のあり方、権利などの進め方がわからずにいた自分がいかに勉強不足だったのかということに気づいたのです。

「申し訳ありませんでした！」

ひたすら平謝りをした後、その足で私は橋本さんの都内の渋谷のご自宅へうかがいました。

「監督から聞いていますよ。契約書を見せてください」

橋本さんは優しく言葉をかけてくれました。

「こちらが、マイケル・ダグラスさん側からリメイク作品に関して提示された契約書です」

「……」

橋本さんも契約書の数枚の文面に目を通しますが、しばし無言のまま。ようやく口を開くと、

「こちらを見てください」

橋本さんは手許にあった2種類の契約書を取り出しました。ひとつは、かつてある配給会社が黒澤作品のリメイク版についてハリウッドと交わした契約書でしたが、わずか4ページほどのペラペラとしたイメージでした。もうひとつは、橋本さんが両手で抱えていた電話帳ほどの分厚い契約書です。

「これが……契約書なのですか?」

思わず、声に出してしまいました。

「そうです。これがハリウッドと正式な契約をする時の契約書なのです」

橋本さんは静かな口調で説明をし始めました。本来、ハリウッドの映画会社との契約書は、この厚さになるくらい詳細にわたる条件が記されたものになるのだそうです。ちなみに、先に見せていただいた4ページ程度の契約書は悪例で、配給会社と黒澤監督サイドとで齟齬《そご》が生じ、のちにトラブルになったということまで教えてくれたのです。

「橋本さん、僕に契約についてもっと勉強させてください!」

私は橋本さんからハリウッドとの契約のイロハを学びたいと思い、師事したい旨を伝えました。橋本さんは、僕がなぜ今回の契約に失敗してしまったのかから始まり、ハリウッドとビジネスを行うために必要なこと全般を丁寧に教えてくれました。

アメリカは言わずと知れた訴訟大国です。ちょっとしたボタンの掛け違いが、ビジネスを暗礁に乗り上げさせてしまいます。仔細にわたって、がんじがらめに条件を明記することの意味を叩き込まれました。マイケル・ダグラスが持ってきた契約書に対しても、こちらからしておくべきリクエストの条件を加えて、正式なものを新たに作成することになったのです。

あまり詳しくこの場で明かすことはできないので、その一つだけを紹介します。例えば、クロサワ・エンタープライゼズUSAは、契約の条件として「オプション権」を挙げることにしました。契約締結後の2年間、撮影が行われなかった場合、その権利は黒澤明に戻すということでした。リメイク版の権利は数万ドルを提示し、本契約ができた段階でまずは10パーセントの支払いが生じ、その後、撮影等の段階を追う形で3回に分けて支払いを行うことなどを条件として加えたのです。

結論から言うと、残念ながらマイケル・ダグラスの制作会社との間でリメイク版の契約交渉は決裂となりました。ただ、黒澤作品の使用価値を守るためには、それくらい強気に条件設定をすることが不可欠であることを学ぶことができた。私にとっては、とても貴重な機会となったのです。

それから数十年が経過した後、『七人の侍』はまた別の映画プロデューサーとの間で話が進み、リメイク版の契約が締結されました。

その後、『用心棒』にもオファーがあり、ハリウッド・スターのブルース・ウィリス主演でのリメイクの話が進行していきました。それからも有名なハリウッド・スターたちを

主演とするオファーは舞い込んできましたが、相手からの契約書が提示されるたび、

「君は、何もわかっていないッ！」

という黒澤監督の言葉を何年経っても思い出します。ハリウッドの契約を扱う弁護士にレクチャーを受けるなど、その後も私は勉強に励み、様々な知識を得ていきましたが、世界のクロサワの看板の重さを、それからもずっと初心忘るべからずの思いで背負っているのです。

第2章

アメリカでしか見せない「小田剛一」

お忍びのロサンゼルスで会った高倉健

高倉健は国内での映画撮影を終えると、仕事関係者らには一切行き先を伝えることはせず、姿をくらましていた。お忍びでアメリカ・ロサンゼルスを訪れていたのだ。俳優・高倉健ではなく、素の男としての「小田剛一」の自由な時間を求めていたのだろう。誰にも干渉されず、メディアから追われることもなく、自分が好きな乗馬、射撃、アウトドアの世界に入り込むことを好んだ。そのプライベートタイムを共に過ごしていたのが、高倉からも「Ｔａｋ」と愛称で呼ばれていた、阿部丈之氏だった。

高倉さんとは、ギャラン・シグマのＣＭ撮影で出会ってから3年ほど経っていたと思います。そのころの私はクロサワ・エンタープライゼズＵＳＡの代表として、スタッフでもある家内と共に、ハリウッドの最新鋭機材などの情報を集めて、黒澤監督にそれを伝えたり、導入するための手続きを整えたり、さらには日本企業のＣＭ制作に携わる仕事や黒澤作品の著作権管理の窓口としてなど、慌ただしい日々を送っていました。

ある日、夫婦でビバリーヒルズの百貨店「ロビンソン」で買い物をしていた時です。少し離れた場所から「Ｔａｋ」と声を掛ける人がいました。振り返ると、高倉さんと、がっしりした体型の元ボクサー・林一道さんが近寄ってきました。

俳優・高倉健の存在感は、際立っていました。

それまで定期的に手紙のやりとりはありましたが、偶然な出来事もあるものです。

「Ｔａｋ、一緒に夕食に行こう」

私は一瞬戸惑い、家内に視線を送ると、彼女も「ぜひ！」と返しました。

Ｔａｋとフレンドリーに呼んでくれることで、私は親近感を覚えました。そして、気軽に声をかけてくれる高倉さんに改めて感謝しました。

夕食は4人で海辺のイタリアンレストランに行き、近況を伝え合いました。

「Ｔａｋはいま、何をしているんだ？」

高倉さんからの質問に、私は、

「82年に設立したクロサワ・エンタープライゼズＵＳＡで、いま、社長を務めています」

そう笑顔で答えると、

「黒澤明監督か！　それはすごいねえ。がんばってるね」

高倉さんは身を乗り出すように、質問をしてきました。久しぶりの対面で、私も興奮気味になって口数が多かったと思いますが、高倉さんも、こんなにお話をされる方だったかな？　と思うくらい饒舌《じょうぜつ》でした。

初めてお会いした時は、寡黙《かもく》で、俳優・高倉健のイメージそのままだったのですが、この時、ロスでお会いしている高倉さんは、まったく雰囲気が違っていました。

その翌日には、リドンド・ビーチにある林さんのコンドミニアムで家族のように4人でジャグジーにつかったり、いろんな会話を交えてのんびりとすごしたのでした。

この再会をきっかけに、その後の高倉健のマネージメントをすることになったのです。

「小田剛一」としての時間

そんな再会から数ヶ月が経ったころでした。私の携帯電話に掛かってきた声の主は、高倉さんでした。

「Ｔａｋ、元気だったか？」

高倉さんの明るい声が聞こえてきました。

「はい、元気に過ごしています。高倉さんもお元気でしたか？」

予想もしなかった電話でしたが、私もフレンドリーな会話ができて、用件を訊ねたのです。

「今月、ロスへ行くのだけど、Ｔａｋのスケジュールはどうか」

プライベートでロスに行く、という弾んだ高倉さんの声が電話の向こうから伝わってきました。

「大丈夫です。ロサンゼルス空港までお迎えに行きますよ。妻も高倉さんにお会いできるのを楽しみしていますから」

「おう、ありがとう。雅子ちゃんにも宜しくね」

この日を境に、長年にわたって高倉さんがロスに来るたびに、私がプライベートのお付き合いをさせていただくことになるのです。思ってもみなかったことでした。ロス訪問の際には、高倉さんから必ず電話が入り、こんな会話のやり取りを交わすのが通例になっていました。

その当日、待ち合わせたロサンゼルス空港のＶＩＰ専用の到着ロビーで待っていると、空港職員にガードされながら現れました。長身でかっこいい外国人旅行者がいる中でも、東洋人の高倉さんはひときわ目立つオーラを放っていました。

俳優・高倉健の映画のワンシーンを見ているかのように、颯爽《さっそう》と歩いてこちらに近づいてくるのです。航空会社のキャビンアテンダントをはじめ、周囲の外国人女性らが振り返っていたのは無理もないでしょう。

やっぱりかっこいいな――。

高倉さんは車に乗ると、ハリウッドに近いビバリー・ウィルシャー・ストリートへ向かいます。ビバリー・ウィルシャー・ホテルに向かうためです。そこでもハリウッドスター並みのＶＩＰ待遇でした。

ビバリー・ウィルシャーといえば、映画『プリティ・ウーマン』(監督・ゲイリー・マーシャル　90年)で、リチャード・ギア演ずる実業家と、ジュリア・ロバーツ演ずる娼婦が偶然出会う、恋愛物語の舞台になったホテルといえばおわかりいただけるでしょう。

ちなみに、黒澤監督もロサンゼルスではビバリー・ウィルシャーに泊まっておりました。

ここは昭和天皇が戦後初めてアメリカを訪れた時にも滞在されたホテルと聞いています。またその時に警護にＬＡＰＤ（ロサンゼルス市警察）から送られた警察官がジミー佐古田さんで、ＬＡＰＤ麻薬取締官・ジム・ドーティの部下でした。ジムはあのマリリン・モンローの最初の夫です。私がジムと知り合ったのは、霊能者の宜保《ぎぼ》愛子さんが出演した日本のテレビ番組で、マリリン・モンローの追跡ドキュメントでのことでした。マリリン・モンローの3人の夫の中で、ジムは唯一出演を受け入れてくれ、その番組以降、彼が亡くなるまで付き合うことになったのです。

高倉さんは映画『ブラック・レイン』(監督・リドリー・スコット　89年)以後、こぢんまりとしたホテルが好きだということで、ビバリーヒルズのペニンシュラ・ホテルに泊まるようになりました。このホテルのバンガローがお気に入りで、ホテルのラウンジで初めて味わった紅茶「ロシアン・キャラバン」を愛飲していました。

「苦味と香り、これがいいんだよね」

高倉さんはティーカップに顔を近づけて香りと味を楽しんでいました。聞けば、ヨーロッパ全土を旅しながら生活している少数民族たちが愛飲したものだそうです。

「高倉さん、今日はどこへ行きますか？」

私が問うと、こう答えました。

「海が見たいね」

すぐさま私は、高倉さんを車に乗せ、そこからほど近いサンタモニカ・ベニスビーチへ向かいました。栈橋を歩く姿はまるで、映画の撮影をしているかのようで、どの画角から撮影したとしても〝絵〟になっていました。

小田剛一としてこの場にいるのに、やはり俳優・高倉健が見え隠れするのです。

「Ｔａｋ、これで写真を撮ってくれないか」

お気に入りのハンティング・ワールドのショルダーバッグからコンパクトフィルムカメラを取り出し、手渡されました。

背景は海、栈橋に立つ高倉健が遠くを見つめている――。

カメラマンの血が騒ぐ絶景。景色に映える姿に、私も撮影しているうちに楽しくなってしまい、シャッターを切りすぎてしまったことは何度もありました。そんな具合に、高倉さんのコーディネートを重ねていくうちに、私たちは徐々に打ち解けていく感じがしました。

「喜劇をやりたいんだが、仕事が来ないんだ」

ある日のこと、高倉さんに関して、日本のマスコミが揣摩臆測《しまおくそく》の記事を出しているという話を聞きました。高倉さんの行方が摑めないゆえに、まさに書き放題といった印象で、中でもとんでもない内容だったのがこれです。高倉さんは、私にこう明かしました。

「俺は男が好きで、エイズになって入院しているとか書いているんだよ」

高倉さんは呆れたように笑っていました。

「冗談じゃないよ。俺はこの通り、ピンピンしているし、そもそも女が大好きだからね」

「エイズ報道」が流れたのは、1987年4月ごろのことだ。しかも、高倉健の行方が摑めなかったのをいいことに「エイズで死亡説」という怪情報まで流れるに至った。これにはさすがの高倉も、笑い飛ばすだけには収まらなかった。その翌月、東京・日比谷の帝国ホテルで開かれた主演映画『砂の冒険者たち』の制作発表記者会見の場で、たまりかねてか、この問題に言及している。その時の高倉の言葉はこうだ。

「いろいろと自分のかたくなな性格で、世間をお騒がせして申し訳ないとは思いますが、今回ばかりは、身近にいて本当に僕のことを心配してくれる人たちまで苦しめて

しまい、心底から怒りを感じています。質問されるのは苦手ですが、これも成り行き上、仕方がないことと思ってこの場に出てきました。この映画がなければ、一切釈明したくはなかったのですが、生業《なりわい》としているからには……。これが女の問題とかだったら、笑って済ませるんですが、殺されちゃうわけですからね。故郷には年老いた母もいますので……」

怪情報の出どころは、いまだ不明だ。

高倉さんと私の間では、日本のマスコミの勝手な書きっぷりは、その後、ほとんど話題にも上りませんでした。

すでに高倉さんとは、ふだんから冗談を言い合うような仲になり、プライベートの時間のことだけでなく、仕事に関する相談も私に言ってくるようになっていました。

「出演を打診されている映画のシナリオが届いたのだけど、これ、Ｔａｋはどう思う？」

新たに舞い込んだ仕事について、私に意見を求めることもたびたびありました。当然、私はそのシナリオを読んで、自分なりの解釈と意見をお伝えしたものです。ただ、私はあくまでもクロサワ・エンタープライゼズＵＳＡの者であり、高倉さんの仕事について前面に立つことはなく、基本的にロサンゼルスにいらっしゃった時のプライベートマネジャーに徹していました。高倉さんはハリウッドとのつながりがあった私に関心を寄せていただけましたし、何より、マスコミやファンの目に気を遣う日本では味わえない、いち私人としての日常をサポートできるパートナーを求めていたのかもしれません。

高倉健がロサンゼルス滞在中の常宿は、ビバリーヒルズのペニンシュラ・ホテルだったが、プライベートで過ごすことが多かったのは、Ｔａｋ氏のオフィスだった。ハリウッドエリアにある、こぢんまりとしているが瀟洒な連棟式の白亜の建物。ギリシャ・エーゲ海沿いに立つリゾートマンションのイメージである。３ＬＤＫのワンフロアでパティオが３つもある広い空間で、高倉にとっては居心地のいい〝家庭〟だったようだ。

ロサンゼルス滞在中の食事は、ハリウッド・スターたちが通うミスター・チャウがオーナーの中国料理店、映画『ブラック・レイン』で共演以来、朋友となったマイケル・ダグラスもごひいきのイタリアレストラン、日本人の職人・松久信幸氏の経営する和食店「ＮＯＢＵ」などへ通っていた。いずれも高級店ばかりだったが、Ｔａｋ氏の妻・雅子さんの手作り料理も好んだそうだ。

高倉さんは、ペニンシュラ・ホテルを拠点にしながら、我が家で過ごすことを好んでいたように思います。決まってリビングの黒いロングソファーに寝そべってくつろいでいました。

「雅子《マコ》ちゃん、元気だった？」

銀幕のスター、寡黙な高倉健のイメージからは想像もつかないでしょう。明るい口調で、妻の雅子に語りかけてくれるのです。

高倉さんはお酒を飲んでも飲まなくても、陽気でおしゃべりなかたでした。

「お飲みになりますか？」

雅子がグラス3つと赤ワインのボトルを持って、リビングに現れると、

「おっ！　いいねえ。飲もう、飲もう」

高倉さんの目尻も下がります。グラスで乾杯すると、気持ちよくグイッとワインを飲み干します。3人で1本のワインを空けるころ、ほろ酔いの高倉さんが饒舌になってきて、

「俺だってな、若いころは、おかしなことをしたもんだぞ」

高倉さんの頬が少し赤く染まっているのがわかります。

「どんな悪さをしたんですか？」

質問好きの私が矢継ぎ早にけしかけます。

「高校の仲間と一緒に近所の寺へ行って、みんなでマスターベーションしたんだよ（笑）」

家内が目の前にいても、平然と下ネタを話すこともありました。でも、決していやらしい感じではなく、聞いているこちらもクスッと笑ってしまうような話しっぷりでした。聞

いている家内も楽しそうにしているので、高倉さんも次々とその手の話題を振ってくるのです。

「Ｔａｋにも贈ったあのみかん、覚えているか？」

「はい。黒色の包み紙で1個ずつ丁寧に包んであった高級みかんですよね。義母が『珍しくて美味しい』と言っていた、あのみかんがどうかしましたか？」

「そう、それだよ。同じみかんを森繁（久彌）さんに贈ったわけ。そうしたら、達筆で綴られた御礼の手紙が届いたんだけど……」

高倉さんはわざと言葉を止めて、気を引くように絶妙な間をとるのです。

「それで？　どうしたんですか？」

私も家内も結論が気になり、身を乗り出して問うと、

「森繁さんの手紙には、『たいへん珍しく、丁寧に金玉を包んだような美味しいみかんをいただき、誠にありがとうございました』と書いてあったんだよ（笑）」

それを高倉さんは、森繁さんの口調でモノマネをしながら手紙の内容を読むから、私と家内は大爆笑です。私たち夫婦が涙を流しながらお腹を抱えて笑っていると、間髪容《い》れずにマシンガントークが炸裂するのです。

「俺はな、本当は話がうまいんだぞ。黒柳徹子さんにも負けないな（笑）。もっと面白い話をしようか――」

高倉さんは、「相手を喜ばせたい」というサービス精神が旺盛でした。映画俳優の話題になると、必ず飛び出す先輩俳優の名前は、丹波哲郎さん、森繁久彌さん、フランキー堺さん、三木のり平さんなど喜劇俳優の大御所ばかりでした。高倉さんは、喜劇の世界にも大変興味を持っていたようです。

「俺は喜劇をやりたいんだが、仕事が来ないんだよ」

モノマネをするたび、繰り返し聞く言葉でした。

高倉さんのトークとゼスチャーが盛り上がっていく中、丹波哲郎さんが得意だったという催眠術の話題に触れた時のことでした。突然、高倉さんはイスから立ち上がると、

「Ｔａｋ、俺だって、催眠術をかけられるんだぞ」

鼻息を荒くしていました。

「本当ですか？」

私と妻が半信半疑で見ていると、高倉さんによる丹波さんのモノマネが始まりました。

「私が東映に所属していたころ、送迎する運転手の話だ。『このまま止まらず、まっすぐに走りなさい』と私は彼に催眠術をかけた。すると、本当に車が止まらずに走り続け、事故に遭いそうになったのだ」

あの時の高倉さんのしゃべりの面白さを、文字だけで伝えることは難しいですね。ユーモアを交えた様子は、高倉健ではなく、素の小田剛一に戻っていたのだという気がします。

その場の空気を一瞬にして変えてしまう、役柄とは異なる独特なマジックを起こす力を持っていたのでしょう。

一歩外に出たら「高倉健」でいなければならない

高倉さんは、アメリカ・ロサンゼルスに入国した時から高倉健ではなく、小田剛一の素顔に切り替わっていたのだと思います。とはいえ、私のオフィスから外に出て、ハリウッドの飲食店、ブティックなどの人混みを歩く時、高倉健のイメージを崩すことは一切ありませんでした。

外出中は〝高倉健〟でいないと、という思いがあったのだと私は感じています。公の場で自分が粗相《そそう》をするようなことがあった場合、ファンのかたや高倉健を信じてフォローしてくれている人たちを裏切ることはしたくなかったのです。

私と妻といる時間は、高倉健から素の男に戻れる数少ない場になっていたようです。さらには、こんなこともぼそっと言ったものです。

「Ｔａｋ、俺はおまえが羨《うらや》ましい。聡明な妻とかわいい子供がいる。幸せな家庭を持っていることが、本当に羨ましいんだ……」

高倉さんは、江利チエミさんと幸せな結婚生活を送っていましたが、離婚という結末を迎えています。

高倉健は、江利チエミと59年、結婚した。56年公開の映画『恐怖の空中殺人』（監督・小林恒夫）での共演が縁となった。江利が母のように慕っていた女優の清川虹子が、多忙な二人の間を取り持って、交際に発展したという。結婚後の仲は睦《むつ》まじく、高倉が「風邪をひいて入院した」と江利に連絡し、驚いた江利が病室を訪ねると、高倉は「あなたに会うための仮病だった」と言ったなどののろけ話も聞かれたそうだ。

しかし、62年に江利が二人の間にできた子供を病により中絶、70年には火事で自宅が全焼するなどの不運が重なり、71年には離婚となった。

離婚は江利からの一方的な宣言だったとされているが、その背景には、江利の異父姉による横領や虚偽の発言がマスコミを賑わせていたことがあった。身内によるトラブルに高倉を巻き込むわけにはいかないと考えた江利が、そのような判断をしたというのがもっぱら語られている理由だ。

……どうなんでしょうね。真相はお二人にしかわからないことです。私がここで語ることではありませんし。ただ、高倉さんが、江利さんの名前を出して昔の思い出を語ることはありませんでしたね。江利さんのことを語る時には、「自分と縁のあった人が……」と遠回しな言い方をしていたものです。高倉さんなりの気遣いだったのだと私は思って聞いていましたけれど。

なぜ俳優にはホテルが必要なのか

クロサワ・エンタープライゼズＵＳＡの仕事もようやく軌道に乗り、アメリカで忙しい日々を送るようになっていましたが、契約のことなど、黒澤監督への報告については、日本に帰国して直接伝えるのが通例でした。それを知っていた高倉さんからは、

「Ｔａｋ、日本に来ることがあれば、必ず俺に連絡をするんだぞ」

と口酸っぱく言われていましたので、アメリカを出発する前に必ず電話を入れていました。

「都内のホテルを予約してあるから、そこへ泊まればいい。じゃあ、また東京で会おう！」

高倉さん自らがそう言って、私の宿泊先の予約をしていただいたこともありました。予約先は、ご自身も常宿として使っている東京・品川駅近くの高輪プリンスホテル（当時）です。高倉さんも同ホテル旧館のコーヒーラウンジがお気に入りで、仕事の打ち合わせからプライベートの話の際にもここを利用していました。私が日本で高倉さんと会っていたのは、ここが一番多かったですね。思い出深い場所です。

また、高輪プリンスのほぼ隣にあったホテルパシフィック東京には、高倉さんが毎日のように通《かよ》っていた「バーバーショップ佐藤」がありました。そちらの中にあった個室で高倉さんは調髪をしてもらっていたのです。オーナーの佐藤英明さんは、高倉さんとは公私にわたって親しい関係で、私も高倉さんと共に佐藤さんと食事をご一緒したことがたびたびありました。

バーバーショップ佐藤は、高倉をはじめ、佐藤栄作元総理大臣、作家の三島由紀夫らも訪れていた名店。いずれも佐藤氏の顧客だったという。店内には、高倉が置いていったさまざまなものがあった。好んで着用していたジャンパーのバラクータG9、自ら揮毫《きごう》した書も飾られていたそうだ。また、パシフィックホテルの駐車場には、多い時で10台くらいの高倉の愛車が停められていた。この駐車場は旧宮家のために用意されていたそうで、高倉はそこに車を停めることを許された人だったとTak氏は語る。自宅からここに乗り付け、愛車を乗り換えていたという。ホテルの担当者が時々エンジンをかけて、バッテリーが上がらないように対応していたそうだ。

高倉さんは、高輪プリンスホテル内の広い庭園がとても好きでした。コーヒーラウンジで話をした後は、決まって庭園に出て、散歩をしながらいろいろと話をしたものです。あ

雅子夫人、高倉の愛車を担当する葉梨氏、Tak 氏、バーバーの佐藤氏（左から）。

る日、高倉さんと私と妻の3人で庭園を歩いていた時のことです。

「立派な錦鯉がいっぱい泳いでいますね」

庭園内には広い池がつくられており、そこには紅白、緋色、金色など美しくも大きな鯉たちが泳いでいました。私がそう言うと、高倉さんはぼそっとこう教えてくれました。

「ここの鯉のほとんどは、俳優の杉浦直樹さんのものなんだよ。杉浦さんは鯉が大好きでさ。家ではなく、このホテルに住んでいるんだ。すごいよな。しかもホテルの部屋番号が『1151』＝『いい鯉』なんだから徹底しているんだよ」

高倉さんは、先輩俳優たちの様々なエピソードをよくご存じでした。高倉さんだけでなく、杉浦さんもこのホテルの居心地の良さを感じて、ホテル暮らしをされていたのかもしれませんね。


杉浦直樹は、高倉と同じ1931年生まれ。渋い役柄からコミカルな役柄まで多彩に演じ分けた名優である。杉浦は71年の離婚以来、独身を貫き、ホテル暮らしを続けていた。

「役者は生活のにおいを出してはならない」

というのが杉浦のモットーであり、生活感のないホテルでの日常は、役者一筋に生きた半生を象徴するものだった。高倉がホテルを愛用していたこととも、何かしら重

なるところがあったのかもしれない。ちなみに、このホテルには作家の柴田錬三郎の執筆部屋もあった。

ホテルで会っている時の高倉さんは、もちろん、日本でのことですから役者・高倉健であろうとする姿勢は崩しませんでしたけれど、私と一緒にいる気安さがあったのであれば嬉しいことで、たびたびおふざけを見せてくれたことも記憶に残っています。

いつもの高輪プリンスではなく、同じく都内の全日空ホテル（当時）のラウンジで待ち合わせをしていた時のことです。以前は全日空ホテルで会うこともあったのですが、高倉さんは万が一の事故などを考えて、

「高層ビルのホテルには泊まらないほうがいい」

と言うようになり、それ以降は高輪プリンスが常宿となったのです

高倉さんが運転するベンツがホテル正面の車寄せに入ってきました。あっ、到着されたぞ——気づいた私は正面玄関へ向かいます。サングラス姿の高倉さんが車から降りてきて、

「あっ、高倉健だ！」

すぐにボーイが気づいて声に出した時でした。高倉さんは彼にキーを渡しながら、私にこう言いました。

「『俺は緒形拳だぞ！』とでもボーイに言ってみようか（笑）」

笑いながらジョークを飛ばしたのです。日本でお会いする時は、ロサンゼルスでの時ほどのびのびとした様子はないものの、お茶目な素の顔がちらっと覗けると、私はますます高倉さんにハマってしまうのです。

任侠映画ファンのヤクザからトイレで……

俳優・高倉健の人気を一気に高めたのは、やはり東映の任侠映画シリーズだ。任侠映画を上映する劇場では、二階席も満席で一部はその重さに耐えきれずに崩れ落ちた館もあったという噂まで流れ、それほど高倉が出演する任侠映画の人気は凄まじかったのだ。義理と人情の世界、高倉演ずる主人公が理不尽な仕打ちを耐えに耐え、最後に爆発して己の矜持《きょうじ》を貫くさまは多くの共感を呼び、一般観衆だけでなく、全国のヤクザ組織の組員たちからも絶大なる支持を得ていたという。

中でも、興行会社でもあり芸能プロダクションでもあった「神戸芸能社」を立ち上げた三代目山口組・田岡一雄組長は、高倉と親しくしていた一人だ。実際、高倉は映画『山口組三代目』（監督・山下耕作　73年）で田岡組長役を演じている。高倉は、田岡氏からこう言われたことがあるという。

「高倉健さんのためなら命を張ってもいいと言うヤクザがいる」

男を磨くことに命を懸けた面々にも、高倉の演技は強く響いていたのである。

高倉さんとの会話で、任俠映画に出演していたころの話はよく出てきました。

「いまでも、あっち（ヤクザ）の人から握手を求められることがあるんだよ」

苦笑いしながら、高倉さんは話しました。少々困ったこともあったそうです。高倉さんが、都内のホテルのトイレで小用をしていた時のこと。後から入ってきたのは、袖口だったか襟首回りだったかに刺青《いれずみ》の入った、いかにもその筋のかたと見受けられる巨漢で、隣に立って用を足し始めたのだそうです。

「俺の顔をチラチラ見ていて、何かいちゃもんでもつけてくるのかと思っていたんだ」

高倉さんが用を足し終えて、洗面台で手を洗い、ハンカチで手を拭いていた時でした。

「健さんですか？」

先ほどから隣でチラチラ見ていた男が声をかけてきたそうです。

「はい、高倉です」

「俺、ファンなんです。握手していただけませんか？」

名前を聞かれ、正直に答えたまではよかったそうですが、その彼がとった行動にはさすがの高倉さんもひどく困惑したそうです。なぜなら……。

「小便した手を洗わず、俺の手を握ってくるんだからなあ。汚ねえなあ……と思ったけれど、握手を交わしたよ。ファンは大切にしないといけないからな」

「役者は大変なんですね」

そのファン思いな振る舞いに、私はむしろ感動の声を漏らしたものです。

また別の機会になりますが、高倉さん愛用の長財布の中身を見せてもらったことがありました。そこには、三代目山口組・田岡一雄組長と並んで写ったテレフォンカードが入っていたのです。

「このかたは、もしかして……？」

私が恐る恐る聞くと、

「これは俺にとって、お守りだな」

何よりも私が衝撃を受けたのは、写真に映る二人の服装でした。田岡組長が背広姿で、健さんが着流し姿でした。

えっ？　これは……まさに任侠映画から飛び出してきたような高倉さんの着流し姿でした。この当時、すでに任侠映画への出演がなくなってから10年以上が過ぎていましたから、懐かしくも凛々しい姿に、思わず、高倉さんは着流しが似合うなあと感心してしまいました。

「そうだよな。本当はこれ、衣装が逆だよな」

高倉さんは感じ入るように言っていました。撮影現場を田岡組長が訪れた際に撮られたもののようです。

その田岡組長とのツーショット写真の他にも、財布に入れて大切にされていたものの中には、美空ひばりさんのテレフォンカードがありました。もちろん、市販のテレカではなく、関係者のごく一部にのみ配布されたもののようで、未使用のままでした。

また、旅に出る時は、高倉さんのご両親の写真が2枚あり、一枚は、母・小田タカノさん、もう一枚は父・敏郎さんの膝の上に抱かれた幼子の高倉さんでした。いつもこの写真を欠かさず持ち歩いていました。

任侠映画全盛期のころ、高倉さんは映画の中で殺人を犯す役柄が多く、お母様はそれをとても嫌がっていたそうです。荷物を解くと高倉さんはその写真立てを置き、お母様への申し訳ない思いを伝えていたのだと思います。仕事のため葬儀に出られなかったことも、高倉さんにとっては申し訳ない気持ちでいっぱいだったことでしょう。

高倉さんは、ご両親との思い出を常に大切にしてきましたし、ご実家の小田家を継いだ甥っ子のことをいつも気にかけ、代々の墓を守っていくことの意味を語っていたといいます。

「ピストルが人を殺すんじゃないんだ」

日本で映画の撮影が終わり、ロサンゼルス入りした高倉さんは、羽を伸ばしに来ている様子がわかる元気な時と、少々お疲れでゆっくり休みたい気持ちが手に取るようにわかる時がありました。明らかに疲れている様子が見受けられる時、私は何も話しかけず、黙っていました。

空港に高倉さんを迎えに行った帰り、私が運転する車でフリーウェイを走行中、街の景色をぼんやりと眺めていた高倉さんが、しばらくしてから話しかけてきました。

「Ｔａｋ、元気だったか？　雅子ちゃんも変わりないか？」

「はい、おかげさまで。雅子も元気です」

私は助手席に座った高倉さんの様子をチラッと見ると、こちらに到着して徐々に元気を取り戻したように見え、ホッとしたものです。高倉さんにとってロサンゼルスでの時間は、張り詰めた気持ちをリセットするための元気の源だったと思います。そして、高倉さんからの挨拶がわりの声掛けは、いつも私と妻を気にかけてくれているものばかりで、それを聞くのが何よりも嬉しかったのです。

「そうだ、ちょっとラジオをかけてくれるか？」

高倉さんはロサンゼルスのラジオ局が放送していた音楽番組がお気に入りでした。クラシックからポップス、ジャズと幅広いジャンルを聴いていましたけれど、その番組で聴くイージーリスニングがお好きでした。

私は、カーラジオの周波数を合わせました。すると、

「おっ、そこで止めて。その番組が聴きたい」

ラジオのＤＪが曲の説明をしていますが、その内容を私が通訳する必要はありませんでした。あまり知られていないかもしれませんが、高倉さんは語学が堪能で、相当高いレベルの英語力を持っていたので、よほど微妙なニュアンスの英語以外はご自身でネイティブの言葉を聞いて理解できていたのです。私が通訳として仲介するのは、ホテルのチェックインやレストランで注文する時などの事務的な対応程度でした。本来、高倉さんは人前で必要な時以外では英語を使いませんでした。

高倉さんは空港からの移動中、ＤＪの言葉に耳を傾けながらスピーカーから流れる映画音楽と共に車の窓を開け、顔を外に出して風を感じていました。時折、軽やかにハミングする声が聞こえてきたものです。

「今回は何をしますか？」

空港に到着すると、ホテルへ向かう車中では、まず今回の旅の目的を聞き出してスケジュールを立てるのが決まりでした。

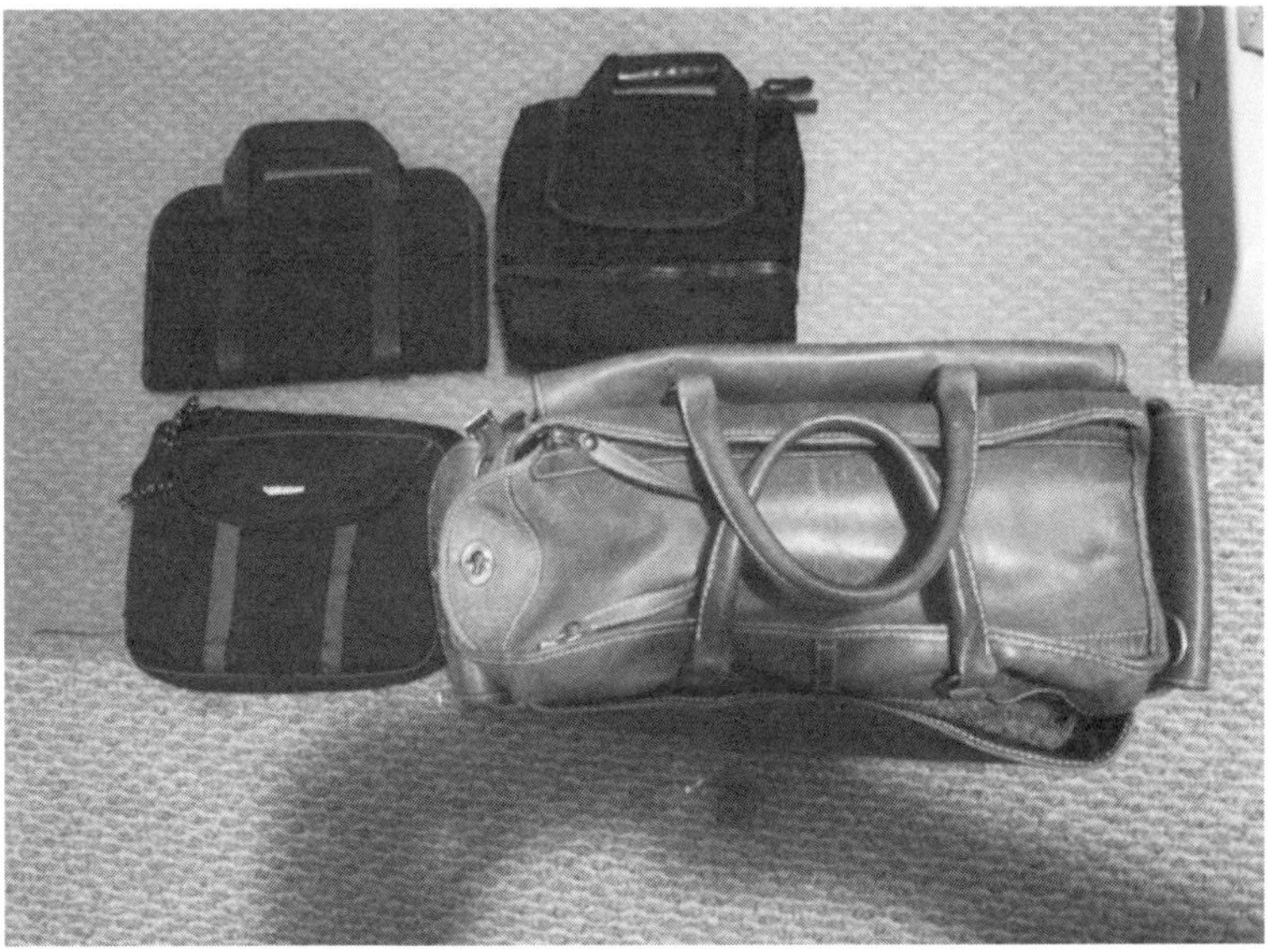
高倉は愛用のピストルを堅牢なバッグに収納していた。

「そうだな。久しぶりにピストルを撃ちたいな。俺のマグナムは元気か？」

「はい。手入れもしていますし、大事に金庫に保管してありますよ」

「そうか。よかった」

　高倉さんはかなりの拳銃マニアでした。銃のことを話題にするのが楽しいのでしょう、話していてもいつもより口元がゆるんでいる様子がわかります。そして、拳銃のことは必ず「銃」でも「ＧＵＮ」でもなく「ピストル」と呼んでいました。

　みなさんもご存じの通り、アメリカは銃社会です。護身用に1丁自宅に所持している世帯は全体の46％ほど、個人所有もおよそ33％といいます。私はアメリカ在住ですけれど、それまではピストルは所持していませんでした。私の日常は幸いにも銃社会とは程遠く、周囲で銃撃事件などもありませんでしたし、正直、関わりたくないという思いが強く、銃を持つこと自体を嫌っていました。

　ところが、高倉さんの一言で考えを改めたのです。

「Ｔａｋ、アメリカで暮らすのなら、家族を守るためにもピストルは用意しておけ。そして扱い方を学んで、いざという時に使えるようになっておく必要があるぞ」

　家族を守る――確かにアメリカにおいては必要な心得でした。

「だがな、Ｔａｋ、ピストルが人を殺すんじゃないんだ。人がピストルで殺すものなんだ」

この言葉がきっかけで私はピストルを所持することになり、ノースカロライナ州の射撃場や、映画の特撮等のプロフェッショナルのかたでお付き合いをさせていただいたマーティン・ヒル氏と、何度か火薬を使ってピストルやライフルの扱い方を学びました。

高倉さんが好むピストルは、どちらかというとオートマティック（自動装填）ではなくリボルバー（回転式）でした。カウボーイ映画の代表作『シェーン』（監督・ジョージ・スティーヴンス。主演・アラン・ラッド　53年）が大好きだったことも影響していたようです。

「あの映画はいいよね。アメリカの開拓者とカウボーイ生活に俺は憧れてるんだ。子供を大切にしていた主人公のアラン・ラッドはかっこよかった。たまらないね」

高倉さんが好きな映画作品について楽しそうに話していたのを思い出します。

だから高倉さんは子供と接する時、優しい眼差しになるのか……。

『シェーン』などに登場するカウボーイの姿を通して、高倉さんはピストルや馬に関心を持ったのかもしれません。アラン・ラッドが使っていたピストルはリボルバータイプの「コルトパイソン357マグナム」で、グリップは白の象牙。高倉さんはそれを意識してリボルバーを手に入れ、グリップをローズウッドに変えて、撃鉄を子供や女性の力でも軽く引き起こせるようにするなどカスタマイズしていました。高倉さんがそのピストルを撃つ場所は、私がメンバーになっているロサンゼルスの射撃場でした。

高倉さんは、ピストルへのこだわりをこう語っていたものです。

「ランボルギーニやポルシェに乗る人は、自分が乗りやすいように改造するだろ。だから俺もピストルの撃鉄を改造して、扱いやすいようにしたんだよ」

高倉さんがピストルを語り出すと、ますます熱が入り、話は尽きませんでした。私は必要に駆られてピストルを持つようになりましたが、何もそこまで改造しなくても……と半ば呆れてしまうところもありました。しかし、ご本人なりに使い方に工夫があったようです。

ロサンゼルスを訪れた時は、いつもガンショップ（銃砲店）を訪れてピストル選びに時間をかけたものです。ある時は、どこで調べてきたのか、ノース・ハリウッドの銃砲店「ポニーテール」へピストルを求めて訪ねたこともありました。ピストルと共に大型金庫まで購入したのですが、その金庫のサイズは、高さ１７０センチ、重量５００キロの巨大なものでした。

こんなに大きな金庫に何丁のピストルを入れるつもりなんだ？　そもそも、これをどうやって運ぶつもりなんだろう？――などと思いつつも、私のオフィスに運搬することになりました。

ピストル本体の購入は、日本からの来訪者である高倉さんにはできませんので、高倉さん専用の銃と言っても私名義のものです。それを先ほどの大型金庫に保管することになりました。

数あるピストルの中でも、高倉さんが特にお気に入りだったのは、「スミス&ウェッソンM29　4インチモデル」と「パラ・オーディナンスP－14」、そして前述のコルトパイソン357マグナムでした。

リボルバーだけでなく、オートマティックにも関心を持つようになり、私たちが訪れた銃砲店の店主が防犯のために9ミリのオートマティックを懐に忍ばせているのを見つけると、

「Tak、（店主の）あれ、良さげだから買っておこう」

高倉さんは目を輝かせて、まるで子供がおもちゃを買うような表情で、結局、これも私の名義で購入することになりました。

購入後は、ピストルの試し撃ちをするためにシューティングにもたびたびお連れしました。ある日、私は、日本の芸能界の俳優さんたちがロスに来てシューティングにはまっている話をしました。

「梅宮辰夫さんもライフルに興味を持っていて、よく撃ちにいくそうですが、高倉さんはご一緒したことはありますか？」

私がそう聞くと、高倉さんは笑いながら言いました。

「冗談じゃないよ、Tak！　あんな連中と一緒にしてくれるな（笑）。俺のケツでも撃

たれたらたまんないよ」

つまり、ご自身のシューティングレベルは別格で、梅宮さんの技量は少々……とのことで、親しい仲であるがゆえのユーモアを交えた話でした。

高倉さんとのピストル話は、ほかにもあります。私の家に来た時や、宿泊先のホテルで時間をもてあました時などに、高倉さんはこう誘ってくるのです。

「Ｔａｋ、不審者が家に忍び込んだ時に対応するように……」

高倉さんは、本物のピストルを握りしめていました。もちろん、銃弾も火薬も入っていません。

「Ｔａｋ、ケツの穴を締めているか？」

銃を扱う時、高倉さんはいつも私にこの言葉を投げかけてきました。つまり、保管したピストルの手入れはきちんとしているか、いつも気を緩めず、ピストルに向かい合っているか、ということを聞いていたのです。少しでも気を緩めてピストルを扱うと大怪我をする、ということを伝えたかったのでしょう。

これは銃に限ったことではない、と私は受け止めていました。仕事もまったく同じで、一定の緊張感を持って対応すべきだということを、高倉さんは暗に私に教えてくれていたのではないかと思うのです。

高倉が愛用していたピストル。語り出すと話は尽きなかった。

「ビル・ゲイツ」のポルシェ911ターボを買う

「Tak、1995年式のポルシェ911ターボを探してくれないか？」

高倉さんが96年ごろ、ロサンゼルスを訪れた時の第一声でした。有名な話ですが、車に関しては、ピストル以上にマニアの領域でした。ボディカラーが金色のBMW5シリーズからベンツはAMGモデルを含めて複数台所有していたのです。中でも、あるベンツの1台は銃弾が貫通しない分厚い板金仕様になっていて、〝走る金庫〟の異名を持つものでしたが、盗難に遭い、しばらくして発見された場所は香港でした。

「高倉さん、ベンツが香港で見つかったそうです。取り戻しますか？」

「いや、そんな盗難に遭った車は、俺と縁がなかったんだろう。いらない」

寂しそうに愛車を手放されたのでした。

この時にリクエストを受けた95年型ポルシェ911ターボは特別なモデルでした。空冷エンジンの後期のモデルで、リアに大型のウィングを搭載する車だったのです。ポルシェと言えば、ハリウッドスターのスティーブ・マックィーンが主演映画『栄光のル・マン』（監督・リー・H・カツィン　71年）でサーキットを走る姿は有名ですが、高倉さんもそれに憧れていたそうです。

ポルシェ911ターボの95年式を求めていた。

高倉さんがロスに滞在している時、自らハンドルを握ることは多くはありませんでした。あることがきっかけで、ロサンゼルス滞在中は自ら運転することをやめたのです。私はその理由を尋ねたことがあります。ロサンゼルスの私のオフィスで、コーヒーを飲みながら、高倉さんと話していた時です。

「高倉さん、どうして運転をしなくなったのですか？」

「フリーウェイを走行中、ある時、警察官に止められたんだよ。相手はショットガンまで持って近寄ってくるんだ。そのたびに不愉快になったから、あれ以来、俺はロサンゼルスでの運転はやめたんだ」

その様子を再現すると、高倉さんは当時、現地でレンタルしたＢＭＷでサンタモニカのフリーウェイを飛ばしていたそうです。その時にパトロール中の警察官に停止させられ、職務質問を受けました。のちに判明したのは、時のアメリカ大統領が到着していて、そのルートを通過するため、車と人物をチェックしていたのでした。

その時の高倉さんは、アメリカの警官にもインパクトがあったのでしょうか。まるで『ゴルゴ13』のようでもあり、余計に素人ではないと思われたのかもしれませんね。実際、映画版の『ゴルゴ13』（監督・佐藤純彌　73年）で主役のデューク東郷を演じていましたから。

話が少々逸《そ》れました。ポルシェが好きだった高倉さんは、運転を楽しむスポーツカーを

この白いポルシェを購入。ビル・ゲイツが前所有者との話も。

好みました。まだご自身で運転していた時には、単調なハイウェイよりつづら折りの山道を走るのが好きでした。『理由なき反抗』（監督・ニコラス・レイ　主演・ジェームズ・ディーン　56年）のロケ地であるロサンゼルスのハリウッドからグリフィス天文台へ続くワインディングロード、ここも高倉さんが好きだった道です。スティーブ・マックィーンも愛車ポルシェでこの道を疾走するのを好んでいました。

高倉さんからのリクエストに応えるために、私はあらゆる手段を使って全米のポルシェ販売店を探しました。今のようにインターネットで簡単に検索できるシステムのない時代です。自分なりの人脈を使ってあらゆる方位から車を探しました。残念ながら、高倉さんのお眼鏡にかなうポルシェとは出会えず、すぐに手配はできませんでしたけれど、高倉さんの帰国後、しばらくして、ビバリーヒルズのディーラーから、

「お探しの95年ではなく96年モノですが、入手しました。ボディカラーは白です」

との連絡が入ったのです。そのポルシェには複雑な盗難防止用警報アラームのセキュリティがついており、前オーナーは、あのマイクロソフト社の創業者のビル・ゲイツ氏との話です。わずか半年間しか乗っていなかったということを聞き、私は驚きました。これはきっと丁寧に乗られていた車に違いない——日本にいる高倉さんにすぐさま確認の電話を入れました。

「ありがとうＴａｋ！　そのポルシェ、俺が買う」

即決でした。購入手続きは現地で行うため、私が高倉さんの代理として、現金で支払い、次にロサンゼルスから日本までの航空機輸送の手続きを取りました。この種の個人輸入は書類が煩雑《はんざつ》で手間がかかりましたが、無事に高倉さんのもとに送り届けることができました。

そのポルシェは高倉さんの車の面倒を見ていた「林オート」(東京・麻布)に到着し、盗難防止用警報アラームなどを解除してもらい、無事に高倉さんの愛車の一台になりました。

間近で見た名優の手には……

高倉さんは腕時計が好きで、お気に入りのモデルをいくつかローテーションのようにしてつけていました。腕時計は、いつも右手首につけていました。一般的には左につける人が多いのですが、こうしたところにも高倉さんのこだわりはありました。その理由を聞いたところ、高倉さんはこう答えました。

「右の手首に時計をつけておいたほうが、俺はいつも最初に目に留まるんだよ。車の運転の時も、何かの作業をしている時でも、すぐに時間の確認ができるのがいいんだ」

高倉さんは常に時間に正確でした。待ち合わせの時など、約束した時間よりかなり早くから待ち合わせ場所に来ていて、たいていはお待たせしてしまうことのほうが多かったくらいです。それくらい他者との間の時間を大切にしていたからなのでしょうか、親しくなった共演者のかたなどに自分のお気に入りの腕時計をプレゼントしていたものです。ロレックスが多かったようですね。裏ブタには高倉健からのプレゼントである刻印と名前を入れるなど、こだわっていました。

高倉はビンテージのロレックスを買い求めることがあった。また、同じく高級時計ブランドのブレゲのファンでもあり、アエロナバルというモデルに関しては、わざわざブレスレットを艶消しにするようにオーダーし、これを店側は「健さんモデル」と称していたという。高倉はこの時計を2本オーダーしたそうで、片方には俳優の中井貴一の名前を刻印してプレゼントしたようだ。

高倉さんは、身につけるものへのこだわりは強かったです。腕時計しかり、ハンカチもまたしかり。ハンカチは常に持っていて、色は必ず白を選んでいました。高倉さんなりのルーティンだったのでしょうね。

ルーティンというか、ほとんど癖のようになっていたのは、目の周りのマッサージ、そして耳たぶを引っ張ることでしたね。黒澤監督にも耳の裏側を人差し指を使って上下に動かす癖があったのを思い出しました。写真家の立木《たつき》義浩さんは黒澤監督を撮影する時に、耳を真後ろから撮っていますが、それくらい印象的で大きな耳をしていました。高倉さんは耳を触る癖について、

「耳には様々な神経が通っていて、そこを刺激するのがいいんだ」

と言っていました。確かに、日ごろから健康を意識していた印象はあります。ちょっとした撮影時間の合間にも、高倉さんは体のストレッチを欠かしませんでした。長い脚を車のボンネットにのせて筋を伸ばしている様子も見たことがあります。大きな体でしたが、前屈をすると床に顔がペタッとつくくらい柔軟性に富んでいました。ジム通いも70代までずっと続けていましたから、自分の体のことには本当に気をつけていましたし、何よりストイックでした。

体のことに関しては、細かくメンテナンスをしていたように思います。例えば、高倉さんは指によくささくれができていました。ジーンズのポケットに手を入れたりする癖があって、そこでこすれてしまうからかもしれません。撮影のあった時などは、指先の痛みを見せないように、マニキュアを使ってささくれを接着して、違和感をなくして目立たせないようにしてあげたことがありました。高倉さんは手がとても大きいのです。ロサンゼルスでの撮影に同行した時、撮影終了後の帰り際、握手をしてくれました。肉厚な手のひらをしていました。握手するのにあまり力を込める感じではなかったですね。

サプリショップめぐりと健康志向

私はクロサワ・エンタープライゼズＵＳＡでの仕事と並行して、現在の日本のエステ業界を先導する企業「ＴＢＣ（東京ビューティセンター）」で、マネージメントからＣＭなどの広報宣伝部署でのアドバイザーとして顧問を務めていた時期がありました。当時のハリウッド俳優たちの間では、どのようなエステが流行《はや》り、どんなボディケアをしているのか。現地の最新情報を伝えたりしていたのです。

ハリウッドの最新情報に関しては、高倉さんも関心を持っていました。特に、自身の体の疲労回復などに効くサプリ類の情報を求めていました。

「最近、いいサプリはないか？」

ロサンゼルス滞在中の高倉さんから、たびたび質問されたものです。

「ジョディ・フォスターが行きつけの店がありますが、高倉さんも行ってみますか？」

「Ｔａｋ、連れていってくれ」

高倉さんは興味を示しました。

店に着くと、高倉さんは店員の説明をじっくりと聞いた上で、納得すれば大量にまとめ買いをしていました。お気に入りは、水に溶かして飲む顆粒タイプのカリフォルニアオレンジ味のビタミン剤でした。

「これを実家に送りたいんだ。手配を頼めるかな。みんなが喜ぶと思うんだ。飲みやすいしな」

高倉さんが依頼してきたのは、実家のある福岡県で暮らすお母様や妹さんあての海外発送の手続きでした。うれしそうに大量の商品を袋詰めしている高倉さんは、実に母親思いの人でした。

ＴＢＣとの仕事は、私自身も詳しくはなかったエステについての情報を高倉さんにもたらすことになりました。東京の同社と電話で打ち合わせをしている時、ちょうど私のオフィスにいて、コーヒーをすすりながらその様子を聞いていた高倉さんは、

「Ｔａｋ、エステに詳しいのか？」

と尋ねてきました。エステは人間美学、体における美の追求であると私が説明すると、高倉さんは「なるほどね、エステか……」と窓の外の景色を眺めながら何か考え付いたような表情をしていました。

ふと私は、高倉さんが以前から手の甲にあるシミを気にしていたことを思い出しました。

「手のシミが薄くなるクリームも、そのエステでは取り扱っているようですよ」

エステに関しては、それ以前からも関心があったらしく、他にもいくつか私に尋ねてきました。そのきっかけとなったのは、ロサンゼルス滞在中に映画『ザ・ヤクザ』（監督・

シドニー・ポラック　74年）で共演したロバート・ミッチャム氏とビバリーヒルズのサウナへ行った時のことだと高倉さんは言いました。そこで俳優にとっての健康や美についての話題になり、ハリウッド俳優たちもエステをひとときの癒《いや》しとして、体や顔などのメンテナンスをしていることを聞いたそうです。映画の本場にいる彼らの健康や美への意識の高さに触れて以来、ハリウッドで流行っているサプリや俳優たちが通うエステの情報を求めるようになっていったのでしょう。

新しいサプリの情報は、ロサンゼルス滞在期間のみならず、私が日本に帰国している時にも高倉さんに伝えていました。

「そのサプリ、ぜひ試してみたいな。送ってくれるかな？」

健さんが関心を持ったサプリは必ず日本へ送っていました。

エステに関しても、高倉さんから問われることを知っていたので、私は常にサプリやエステの最新情報を仕入れるべく、アンテナを張っていました。この時も、当時のハリウッドで流行っている目の周りのマッサージの方法を紹介しました。新たな情報を伝えると、高倉さんは早速実践するのです。

「血行が良くなるみたいだ。このマッサージ、いいね」

高倉さんは車の中やオフィスにいる時も、私が伝えたエステのマッサージ方法を念入りに目の周りに施していました。

腕時計は右手首がルール。手の甲のシミを気にしていた。

「昨日、寝不足だったから、目の下にクマができると困るんだよ」

高倉さんは、常にセルフケアを欠かしませんでした。

日本にいる時も、高倉さんはこの種の商品を求めていて、ニンニクエキスのカプセルなどもたびたび服用していました。時々、高倉さんからニンニクの匂いがすることがあったのは、おそらくそれが原因だったのかもしれません。一緒にいて、高倉さんは体臭が強いタイプではなかったので、いつもとは違う匂いがするなと思って、気がついたのだと思います。むしろ普段は、宿泊先のホテルにも常に携帯していたお香の移り香が軽く漂うことがあった程度でしたね。

サプリにハマっていたのは、何より俳優としての肉体のコンディションを常にベストな状態で保つためでしたが、肉体の経年変化に抗《あらが》う意味でも、そのサポートとしてサプリ類を服用していたのです。晩年の不調に関して、一説にはサプリでの栄養補給のし過ぎが考えられると語る人もいましたけれど、実際のところはよくわかりません。ただ、心身ともに健全でありたい、人として良くありたいという思いを、高倉さんは強く持っていました。

ある時、私のオフィスを訪れた高倉さんは、その場でストレッチをし始めました。両脚を開き、上半身を前屈させて、床にべたっと胸をついて体を伸ばしています。50代をゆうに超えていたにもかかわらず、柔軟な体をされていました。その様子を驚いて見ていた私に、高倉さんは、

「Ｔａｋ、柔軟性を養っておくと、しなりとパワーがついてくるぞ」

微笑みながら、入念にストレッチをしていたのです。70代半ばくらいになると、さすがに高倉さんでも少し動きが重くなってきたかなという印象を受けましたけれど、それまでは出演作を見ればわかるとおり、年齢を超越したしなやかな肉体を維持されていました。ストイックに自身の体と向き合ってきた証拠でしょう。肉体と心を全面にさらけ出していく役者という仕事への高倉さんの一途さを目の当たりにするたびに、自分は与えられた物事に対して真摯に向き合えているのかと自問させられる気持ちになったものです。

フィレオフィッシュとボクシング

高倉さんは団体競技よりも個人競技が性に合っていたそうです。中でも、ボクシングへの関心は強かったと聞きました。

「高校時代もボクシングがしたかったのだけれど、部活がなかったんだ」

ファイティングポーズをとりながら、思い出話を語ってくれました。ボクシング部がなかったというので、他の部活に入部したのかと思っていると、

「数名の部員が集まって学校に掛け合って、ボクシング部を立ち上げたんだよ」

荒れていた時期があったと、以前に聞いていたことがありましたので、よほどの腕力自

慢だったのかというと、決してそうではなく、高倉さんはむしろ虚弱体質で、体の線も細かったのだそうです。俳優・高倉健の屈強な体軀からは想像もつきませんが、幼少期に肺を患ったこともあったといいます。そんな自分の体質改善や肉体強化をしたかったらしく、ストイックなボクシングが一番効くのではないかと思ったのだそうです。

あの性格ですから、きっと練習熱心だったことでしょう。高校時代の戦績は教えてくれませんでしたが、3年間の部活動で出場した戦績は、調べたところ6勝1敗という好戦績だったようです。

高倉さんの父は旧海軍の軍人で、所属する部隊の武器類の移動時には、一人で大多数の荷を担ぐ屈強さを誇っていたそうです。炭鉱夫のまとめ役としても活躍し、地元では名士の家系でもありました。また学生時代には相撲をされていて、学生力士としては名の知れた存在だったようです。高倉さんは父親の縁もあって、明治大学入学後は相撲部にも籍を置いていたといいます。長くは在籍はしなかったようですが、父親の逞《たくま》しさへの憧れもあったことと思います。

さて、そんなボクシング好きの高倉さんは、ロサンゼルス滞在中にもボクシングの試合観戦を楽しむことがありました。元WBA、WBC、IBF世界ヘビー級王者（87〜89年）で不敗神話を誇ったマイク・タイソンの試合を見るために、林一道さんのアレンジで、ラスベガスへ送り出したのです。

ロサンゼルスから飛行機でネバダ州ラスベガス市にある、マッカラン国際空港（2021年、ハリー・リード国際空港に改称）発の便なので、私は朝5時に起き、高倉さんをホテルに迎えにいったのです。朝食をとろうと店を探したものの、ロサンゼルスの空港でもレストランは開いておらず、営業していたのはマクドナルドだけでした。

「高倉さん、マックでもよろしいですか？」

確認すると、意外な答えが返ってきました。

「いいけれど、俺、マックで食べたことがないんだよ」店頭前で看板を眺めて言いました。

「マクドナルドの何がうまいんだ？」

真顔でメニューを見ながら聞いてきたのです。

「いや……、何がといっても、ハンバーガーとポテトとか、でしょうか」

そんな質問を受けたのは初めてなので、こちらも言葉に詰まってしまいました。高倉さんは結局、私と同じフィレオフィッシュバーガーを頼むことになりました。熱いブラックコーヒー2杯、フィレオフィッシュバーガー2個を注文しました。高倉さんは、フィレオフィッシュの包み紙をゆっくりめくると、豪快に頬張りました。初マックの第一声は、

「うまいなあ……」

ホッと胸を撫で下ろしていると、あっという間に平らげて、次に発した言葉は、

「Ｔａｋ、フィレオフィッシュをもう1個頼んでくれないか」

2個を食べ終えて腹ごしらえを済ませ、ラスベガスの試合会場へと向かったのです。

その日、試合のチケットを手配してくれた林さんは元ボクサーで、日本ライト級1位の実力者でしたが、ケガをして引退後、日本の雑誌『ボクシングマガジン』(ベースボール・マガジン社)をはじめ、国内外のプロボクサーたちの試合及びプライベートまで撮影する有名なカメラマンでした。

その後、二人がラスベガスから戻るのに合わせてロサンゼルスの空港へ迎えにいってみると、最初に林さんが現れ、不機嫌そうにすたすたと歩いていってしまいました。その後しばらくしてから、高倉さんが現れました。そしてぼそりと言いました。

「あの馬鹿野郎が……」

高倉さんは、周りから「バカ」と呼ばれるような男が好きで、例えば『高倉健からアホーと呼ばれた男』(山平重樹・著　かや書房　2020年)で書かれている西村泰治氏もその一人でした。林さんも本来であれば、そういう愛すべきバカではあったのですけれど、この時はお互いに怒りが冷めていませんでした。何があったのかはわかりません。

その後、ケンカ別れのようになった二人には、距離ができてしまいました。高倉さんは、信頼していた相手に不信感を抱くと、その場でもう拒絶してしまいます。これまでにも、深い付き合いを続けてきた人と関係を切っていったことはたびたびありました。高倉さんとの関係を30年以上にわたって続けてこられた私と、関係を切られた彼らとの違いはどこにあったのか――私に何か特別な能力があったり、もしくは高倉さんにとって私と会っていることに特段のメリットがあったというわけでもないでしょう。高倉さんの気持ちになって常に先回りして考え、自分のこと以上に高倉さんを優先して考えてきたからではないかと思います。

その後、林一道さんはクロサワ・エンタープライゼズＵＳＡのスポーツカメラマンとして入社。それまで何年も申請して取れなかったアメリカの永住権を取得しました。高倉さんともよりを戻して、二人なりの交流を高倉さんが亡くなるまで続けていました。

映画『八甲田山』への思い

高倉健が任侠映画後に出演した出世作と言えば、まずは『八甲田山』（監督・森谷司郎、脚本・橋本忍　主演・高倉健、北大路欣也　1977年）を思い浮かべる人は多いだろう。原作は新田次郎の小説『八甲田山　死の彷徨』だ。舞台は1901（明治34）年末、日露戦争を目前に控えた旧日本陸軍は、寒冷地での戦闘に関する教育不足を痛感していた。ロシア軍と戦うためには、雪の怖さ、極寒の厳しさを経験する必要がある。その訓練となる真冬の行軍の場所が、青森県の八甲田山だった。壮大なスケールで描かれた同作は大ヒットし、配給収入は約25億9000万円となり、同年の

日本映画第1位を記録した。北大路演ずる神田大尉の台詞「天は我々を見放した」は当時の流行語にもなっている。劇中で流れる芥川也寸志が作曲した音楽は、78年3月の第1回日本アカデミー賞音楽賞を受賞し、昭和史に残る名曲とも称された。

高倉さんは、任侠映画で確たる地位を築いてのち、東映から独立して、個人事務所「高倉プロモーション」を設立しました。73年の秋だったと思います。それからのち、ロサンゼルスを訪れた高倉さんは、クロサワ・エンタープライゼズUSAのオフィスで、私と一緒にコーヒーを飲んでいました。その時、『八甲田山』で主演の依頼が来た当時の話になりました。

高倉さんにとっては、東映の任侠映画のイメージを払拭したかった時期だったのでしょう。黒澤監督の助手をしていた森谷監督との厳寒での撮影だったそうです。

穏やかに微笑む高倉さんでしたが、次に発した一言に私は驚かされました。

「撮影は3年程かかって、その間、俺は他の仕事はせず、この一本に懸けた」

他の仕事を入れず……私は呆気に取られました。

「その間の収入は、ゼロになったな」

健さんはポツリポツリと、今後のことを語り始めました。

「3年間食いつなげるぐらいの生活費が必要だから、土地を売却して金をつくったんだよ。

まあ、なんとかなるだろうと」

高倉さんは京都に土地を所有していて、それを手放したのです。その話を聞いた時、『八甲田山』に懸ける凄まじい意気込みを感じさせられました。

映画のロケハンは74年2月から開始され、数回にわたるカメラテストが行われました。撮影のクランクインができたのは翌年6月、クランクアップは77年2月。映画はその年の5月にようやく完成しました。

さらに高倉さんは、『八甲田山』でこれまでに例のない提案を映画会社に対して行っていました。出演契約についてのものです。

「本来、映画のギャラは1本撮ったら支払いは終わりだが、その後のロイヤリティを獲得したんだ。日本の映画界では、俺が初めてになるだろうな」

高倉さん本人から聞いた話ですが、この映画出演にあたり、日本で初めて歩合契約を結んだとのことでした。この時点では具体的な金額や割合は聞いてはいませんが、基本出演料は1500万円、『八甲田山』は配収25億円超の大ヒットとなり、高倉プロモーションには配収に対する歩合として3000万円がさらに入ったそうです。いまの日本の俳優が映画に主演するとなれば、第一線で活躍している俳優で1000万円くらいが目安とされています。50年近く前で、この契約を勝ち取っていた高倉さんのビジネスセンスには、とても先見の明があったということでしょう。逆に、配給会社側としては、悩ましい前例となってしまった部分もあるかもしれません。

任侠映画のイメージを一変させることに成功した高倉健は、その後、ますます役柄の幅を広げていく。『幸福《しあわせ》の黄色いハンカチ』(監督・山田洋次　77年)、『冬の華』(監督・降旗康男　78年)、『野性の証明』(監督・佐藤純彌　78年)、『動乱』(監督・森谷司郎　80年)、『遙かなる山の呼び声』(監督・山田洋次　80年)、『駅STATION』(監督・降旗康男　81年)、『海峡』(監督・森谷司郎　82年)、『南極物語』(監督・蔵原惟繕　83年)、『四十七人の刺客』(監督・市川崑　94年)、『鉄道員《ぽっぽや》』(監督・降旗康男　99年)、そして最後の出演作となった『あなたへ』(監督・降旗康男　2012年)……。

このハイペースの出演歴からも、いかに慌ただしいスケジュールを高倉が送っていたのかがわかる。もちろん、映画だけではなく、テレビ出演、その他のメディアからの取材も増えていった。常に俳優・高倉健であり続けねばならない日本を脱出して、ロサンゼルスでＴａｋ氏と共に過ごす時間が、いかに高倉にとって貴重であったか。プライベートの時間を存分にリラックスして一人の男に戻ってもらう――Ｔａｋ氏の細やかな気遣いこそ、往年の高倉が求めていたものだったのだろうか。

第3章

人生に必要なことは健さんから学んだ

小林稔侍が叱る「そんなこと言うもんじゃない」

Ｔａｋ氏は高倉健との関係の中で、様々な学びを得た。それは、男としての仕事との向き合い方であり、他者との付き合い方、人間性の見抜き方であり、生き様、人生の作法でもあった。この章では、Ｔａｋ氏がいまなお心に響いている、高倉の人としての器量を感じさせられたエピソードを語っていただこう。

私たち夫婦が帰国した折、高倉さんから品川のパシフィックホテルでカレーをご馳走になった時のことです。１９９５年ごろだと思いますが、俳優の小林稔侍さんが高倉さんを訪ねてこちらに来られ、高倉さんと私たち夫婦と合流しました。稔侍さんは、任俠映画時代からずっと高倉さんを尊敬、いや崇拝するほどの熱烈的なファンであり、高倉さんとはプライベートでも親しい間柄です。

「もし病気で臓器が必要になったら、自分の臓器を提供します！」

以前、こんな衝撃的な発言をして、高倉さんを驚かせたことがあるほどで、高倉さんもそんな稔侍さんをかわいがって、「稔侍」と下の名前で呼んで弟分のように接していました。一方、稔侍さんは高倉さんのことを「ダンナ」と呼んでいました。一緒に食事をしたり、稔侍さんの相談ごとにも乗っていました。

高倉さん、私たち夫婦、稔侍さんの4人で食事をしている時のことです。私の家内の父が少し前に亡くなったこともあり、食事中の話題にそれぞれの両親のことが上がりました。

高倉さんは目を細め、お母様の話題を話し始めました。稔侍さんは、高倉さんのしみじみとした親思いの言葉を期待している様子でした。すると高倉さんは、

「俺のおふくろったら囲炉裏端で食事をしていると、徐々に右側に傾いていくので、『どうしたんだい、おふくろ』と声をかけたんだ……」

楽しそうに話している様子、これはユーモアだな――私たち夫婦はすぐに気づきましたけれど、稔侍さんはむっとした真面目な表情になって、高倉さんに対して急に、

「そういうことを言うもんじゃありませんよ！　親に対してね、そういうことは心の中で思っても、口に出して言うもんじゃありませんよ！」

日ごろの稔侍さんは、人前では高倉さんに徹底して無口で腰が低く、自分の意見を述べることなく、ただただ高倉さんの言うことを聞いていたものなので、本気で高倉さんを諭《さと》すかのような姿には、私たちもびっくりしました。

「稔侍は俺と違って親を大切にしているからな」

高倉さんは苦笑で返しました。

「あ、いや、ダンナ……私はそんなつもりではなくて……」

稔侍さんは、虚を突かれたように一瞬で俯《うつむ》いてしまいました。私たち夫婦は、以前、稔侍さんが相当な親思いであることを高倉さんから聞いていましたけれど、ここまでの反応をするとは、さすがに驚かされました。

かつて高倉さんは、稔侍さんについてこう話していたのです。

「Ｔａｋ、稔侍はすごい孝行息子なんだよ」

高倉さんは真面目な表情でした。

どんな親孝行を？——と私が問うと、

「稔侍は、地方に住んでいた高齢の母親を心配して、わざわざ東京の自宅に呼んで一緒に暮らしていたんだよ。しかも、ワゴン車を親のために改造までしていたんだから、立派だよなあ」

稔侍さんは、乗り降りが楽になるように改造した自前のワゴン車を運転してお母様を連れ出したりして、とても大事にされていたのです。テレビや映画のイメージでしかわかっていなかった稔侍さんの素顔を教えてもらった私は、さらに人間としても、素晴らしい人格者だと知ったのです。稔侍さんはとてもステキな人だなあと感じ入りました。

「偉いよ、あいつは」

高倉さんの言葉には、稔侍さんと同じく自身の親思いという共通の部分が重なっていたのだと思います。だからこそ、稔侍さんの前でも親のことを話せたし、真面目な性格の稔侍さんの気持ちも理解できたのでしょう。

高倉さんは、お母様の囲炉裏端で横に傾くような行動を笑い話のようにしていましたが、これはあくまでも高倉さんならではの語りでした。4人の宴席を楽しく過ごすために笑いを交えて話したにすぎません。本当はとてもお母様を大切にされていたのです。先にお話ししたように、ロサンゼルス滞在中、ハリウッドスターが通うサプリメントやビタミンの店をたびたび訪れましたが、そこで体に良い商品を見つけると、必ず福岡にお住まいのお母様にも発送していました。

お母様のために新しく家も建て、ご自身のための部屋もつくったと言っていました。

「屋根裏みたいで狭いけれど、船の寝室みたいなところなんだ」

狭い空間ながらも、開閉可能な天窓を付けて開放的な部屋にしたのだそうです。

「その部屋の窓から輝く星空を眺められるんだ。布団なんていらない、俺は寝袋さえあれば、どこでも眠れるんだ」

確かに、高倉さんは寝袋が好きでした。ロサンゼルスの登山用品を扱う店を何軒も回って、氷点下の寒冷地でも暖かい高性能な寝袋を物色して買い求めていました。

「でも、その窓が雨漏りして、寝袋がずぶ濡れになってしまったこともあったな（笑）」

高倉さんの話には、必ずオチがありました。ユーモアセンスも抜群でした。コミュニケーションを円滑に行うには、サービス精神が大事であることを私は高倉さんから聞かされてきました。ただ、まねはできません。

「Ｔａｋ、あとでこれを読んでくれ」

「Ｔａｋ、この言葉を覚えておくといいよ」

そんなふうに高倉さんは、私に偉人たちの名言や格言を教えてくれることがありました。読書家の高倉さんのバッグには、必ず文庫本が入っていて、日々の生活で知り得た言葉や思い浮かんだ文言、印象に残った言葉や偉人の名言は、黒革の手帳にメモしていました。

勉強家な方だ、とても真似できない……私も聞いた言葉を必死で手帳に書き取っていましたが、とても高倉さんのようには血肉にはできていません。高倉さんは日ごろから知識を蓄えることに、意欲的な姿勢でいました。

こんな出来事がありました。クロサワ・エンタープライゼズＵＳＡの社長に就任したばかりのことです。黒澤作品のリメイク版のオファーに加え、カメラ機材のリース業や日本企業からのハリウッド俳優へのＣＭ出演交渉依頼やコーディネートなど、業務を広げたことで、私はますます忙しい日々を送っていました。高倉さんも、ロサンゼルスに滞在中、私のオフィスに出入りしていましたので、その多忙ぶりも知っていたと思います。

あれは、黒澤作品のリメイク版のオファーがきていた時でした。高倉さんがオフィスに

第3章

人生に必要なことは健さんから学んだ

クロサワ・エンタープライゼズUSAのオフィスにて。仕事中。

来ていたのですが、その日も私は朝から電話対応や来客、スタッフとのミーティングなどに追われていたのです。そつなくこなすこと、即応することばかりに執心していたように思います。

忙殺されている私を前に、高倉さんはソファに腰掛けて雑誌を読んでいたと思います。しばらくすると、声をかけてきました。

「Ｔａｋ、ちょっといいか？」

「はい、なんでしょうか？」

「忙しいのだろうけれど、あとでこれを読んでくれ。一人で戻れるから大丈夫だ……」

高倉さんはさりげなくメモをテーブルに残して、オフィスを去っていきました。

そこにまた仕事の電話がかかってきて、私は受話器を耳に当てながら、高倉さんへの挨拶もそこそこに済ませ、再び電話対応に戻ったのです。それから数時間後、ようやく仕事が片づいたので、一息を入れました。

そういえば、高倉さんが何か読んでくれとか言われていたな……高倉さんがテーブルに書き残したメモを手に取りました。メモには、高倉さんが愛用の万年筆で書いた箇条書きが綴《つづ》られていました。

なんだろう……？

そこには次のような文章がありました。

中国明代の儒学者・王陽明の「４つの言葉」
・孤独に耐え、苦しさ、煩《わずら》わしくても不満を言わず耐えなければならない
・つまらないことに腹を立てるな
・うまくいったからといってはしゃがず、無駄なケンカをしない
・なんでも言いなりになるな、負の連鎖を断ち切ること

参考になれば幸いです　　　　高倉健

この言葉を読み終えた途端、我に返りました。黒澤監督の作品の代理人としてオファーの対応はしているけれど、私は決して「黒澤明」ではありません。

何を勘違いしていたのだ……連絡をくれた相手にどれほど失礼な対応をしていたのだろうか……自分が有頂天になっていたことに、高倉さんのメモは気づかせてくれたのです。

メモを読み終えた瞬間、胸が締め付けられました。

その夜、高倉さんに電話を入れました。

「どうした、Ｔａｋ？」

高倉さんの低い声が私の胸に響きます。

「今日は申し訳ございませんでした！　王陽明の言葉、しかと受け取りました。ありがとうございます。肝に銘じます！」

私は、受話器を握りながら直立不動で頭を何度も下げていました。

「Ｔａｋ、がんばれよ」

いつものように高倉さんは優しく言葉をかけてくれたのです。

黒革の手帳と中国文化への洞察

時折、高倉さんは手帳にメモをしていることがあり、ページが開いているのをちらっと読んだことがありました。

悪いこと、負の連鎖を断ち切る勇気が必要だ
人には健康寿命がある
お互い尊敬し合わないといけない
じっとしていても風は吹かない
いい風が吹くところへ行かないといけない

高倉さんの手帳にはもっともっと多くの言葉が綴られていました。手帳を見て以来、高倉さんとの会話の中で心に響いた言葉を、私も自分の手帳にメモすることを心掛けるようになったのです。

高倉さんの手帳の話をもう少ししておきます。高倉さんは新年を迎えて新しい手帳に切り替える時にしている習慣について、

「前の手帳に書いてあることで、新しい年になってからも必要なことを書き移すのが大変なんだ」

とロスで会った時に言っていました。高倉さんは前年に起こったことの中で大切な出来事を新年の手帳にも書いていたのです。その中には様々な言葉が記されていました。高倉さんの座右の銘として知られる「往く道は精進にして、忍びて終わり悔いなし」という仏教の言葉もそこにありました。これは天台宗大阿闍梨《だいあじゃり》の故・酒井雄哉《ゆうさい》氏から高倉さんに贈られた言葉でした。

高倉が中国文化に詳しくなった背景には、映画における中国との接点があった。中国雲南省を舞台に父子のつながりを描いた中国・日本合作映画『単騎、千里を走る。』(監督・チャン・イーモウ、降旗康男　2006年)で、日本の映画が初めて中国全土で公開され、日本の俳優・高倉健の素晴らしさを知らしめることになる。それ以前

にも『君よ憤怒の河を渉れ』（監督・佐藤純彌　1976年）は、日本公開から3年後に中国で公開され、社会現象にもなった。高倉の存在感は、中国で不動の地位を築いたのだ。『単騎、千里を走る。』が中国で上映された際に、招待された高倉は中国大使と片言の中国語で会話をしたり、中国文化を学んで撮影に臨んでいた高倉の真摯な姿勢に大使は驚き、高倉の大ファンになったそうだ。

それから数年後、私自身が映画プロデューサーとして、高倉さんとお仕事をご一緒できるかもしれないチャンスが巡ってきました。中国全土でもその名が知れ渡り、高倉さんはすでに大スターになっていました。そうした中、中国映画金鶏賞最優秀賞作品賞ほか多数の賞を受賞した中国映画『山の郵便配達』（1999年）のフォ・ジェンチイ監督から『スーホの馬』を映画化したいという依頼が私のもとに来たのです。もちろん、高倉さんを起用しての映画化のオファーでした。

『スーホの馬』とは、モンゴルの民族楽器である馬頭琴の由来にまつわる物語である。日本では、『スーホのしろいうま』（訳・大塚勇三、絵・赤羽末吉　61年）として出版された。サンケイ児童出版文化賞と厚生省児童福祉文化奨励賞を受賞している。

「高倉さん、中国から映画のオファーがあるのですが、どうでしょうか?」

日本にいる高倉さんに相談をすると、しばらくしてから手紙が送られてきました。そこにはこう記されていました。

「中国はイデオロギーの難しい国です。いい話だと思うけれど、仕事をするならば十分気をつけてやるべきです」

高倉さんの出演映画をプロデュースする——映画製作にかかわり続けたいと願っていた私にとって、それは長年の夢でした。天から降ってきたこの話を好機と考えた私は、スポンサー探しから日本の配給会社への打診などに奔走しました。結論から言うと、高倉さんが危惧したように、中国との関係の壁に阻まれたのでした。あの国の文化や言葉だけでなく、政治的な側面からも理解していたから、高倉さんは即答することなく熟考され、あのような手紙を送ってきたのだと思います。まずは自分の中で十二分に咀嚼《そしゃく》し、納得してから動く——反射的にうまい話に乗るべきではないということを、これを機に私は留意するようになりました

頓挫《とんざ》した理由はこの場では明かせませんけれど、私にとっては、日中合作での映画プロデュースという仕事の大きさよりも、高倉さんと初めて映画の仕事をご一緒できる機会を失ったことのほうが残念でなりませんでした。

知ったかぶりをたしなめられる

冒頭でお伝えしました通り、私は新潟県の田舎育ちです。実家は兼業農家をしていましたので、幼いころから上京するまでずっと田植え作業を手伝っていました。だから、田植えについての知識はそれなりに持っているつもりです。

中学一年生の時、父と地元の映画館で上映していた黒澤明監督作品『七人の侍』を一緒に見たのですが、三船敏郎さんの台詞に心躍らされたことに加えて、もう一つ、心に残ることがありました。お百姓さんの田植えのシーンに違和感を持っていたのです。それから十数年たって、私はロサンゼルスのオフィスで高倉さんと会っていた時のこと、黒澤作品について話しているうちに、ふと私はその違和感を思い出しました。

「『七人の侍』の田植えのシーンで、ずっと気になっていたことがあるんです」

長い田植えの経験の自負もありましたし、いつも高倉さんの広い知識を聞いて舌を巻くばかりだったので、この話題については高倉さんより詳しいという優越感もあり、口火を切ったのです。

「田植えのシーンがどう気になったんだ？」

高倉さんが笑みを浮かべながら尋ねました。私はこう答えました。

「あの早苗は大きすぎます。まあ、映画ですから現実と違っていても仕方がありませんけれど」

いくら黒澤監督といっても、田植えの経験は私ほどあるはずがありません。もちろん、高倉さんもそうでしょう。庶民は騙《だま》せない――そんなこともつぶやいていたのだと思います。しかし高倉さんは、

「Ｔａｋ、それは違うぞ。九州には二毛作がある。俺の田舎ではあの映像の早苗ぐらいの長さだぞ」

真顔になって否定してきました。

「いや、そんなことはありません！　私の田舎では……」

めずらしく反論してはみたものの、高倉さんの反応が気になってすぐに百科事典などで調べてみたのです。確かに、新潟県では雪解け水がなくなったころに水が入って田んぼを興した上に小さな苗を植えるとありますが、九州地方は温暖な気候であるため、苗は新潟より倍の大きさ・長さだったことが判明したのです。日本でも地域によっては、苗の大きさ・長さが違っていたのです。知ったかぶりをしていた私は恥ずかしい思いをしました。

思い込みで物を言わないほうがいい――勉強家の高倉さんらしい指摘でした。

「Ｔａｋ、黒澤監督の前で苗の指摘をしなくてよかったなあ（笑）」

高倉さんは少々意地悪そうな言葉で、私をからかって楽しんでいました。

次男の改名と黒澤監督の改名

私には息子が二人います。彼らは幼いころから、黒澤監督や高倉さんの膝にのったり抱っこをしてもらったりして、とてもかわいがっていただきました。これは次男についての話です。私は次男の名前に「無人」と付けました。読み仮名は「ないと」です。尊敬する乃木希典《まれすけ》さんの幼名「無人《なきと》」からいただきました。

ご存じの通り、乃木希典は日露戦争の指揮を執ったことなどで知られる、かつての大日本帝国陸軍大将だ。明治天皇の大喪の礼の日、殉死を遂げている。苛烈な軍人の印象が強いが、学習院の院長として教育に携わった時には、親しみある姿勢が生徒たちからも敬愛されたという。1849年の出生時につけられた幼名が「無人」。上に二人の兄がいたが、共に早くに亡くなっており、兄たちを追うことなく健康に成長してほしいという意味を込めたという説がある。その後も、元服の際に「源三」と改めてのち、「希典」となっている。

この命名の過程で、私の自宅に来ていた高倉さんに相談しました。高倉さんはこう言い

Tak 氏家族と。長男と次男も高倉にとてもなついていた。

ました。

「いい名前だと思うけれど、乃木さんが送ってきた人生は、決して幸せなものではなかったんじゃないか。別の名前をつけたほうがいい」

高倉さんはその時、次男だけでなく私の家族全員の名前と生年月日を聞き、一旦、日本へ持ち帰りました。姓名判断の先生に聞いたり、中国の統計学などの専門書を読むなどして、字画などを調べてくれたのです。

その結果、次男の名前は「大人《たいと》」となりました。中国における最上級の呼称で、偉大な人物の意味合いを持つのだそうです。次男は戸籍などもすべてこの名前に改めることになりました。合わせて見てくれた妻の「雅子」の名前については、「真子」にすることを勧められました。高倉さんいわく、いまの名前では生まれ持った素晴らしい才能が使いきれていない、「宝刀の持ち腐れになっている」とのことでした。以来、彼女は仕事の上ではこの名前を使っています。

ちょうどそのころに、黒澤監督のもとを訪れる機会があり、高倉さんから名前をつけていただいたことを伝えました。黒澤監督は、こう答えてくれました。

「いいと思うよ。僕も最初は父親に名前をつけられたんだけれど、気に入らなかったので、実は改名しているんだ」

「黒澤重明」とお父様に命名されたものの、監督本人が気に入らず、「重」を取って「明」

としたのだそうです。いつごろに改めたのかなど聞きませんでしたけれど、「あまり人には話したことがない」とも言っていましたね。

撮影現場で決して座らない伝説

以前、高倉さんが出演する映画の撮影現場に同行したことがありました。映画スターたちの控え室は各配給会社や制作会社ごとに違いがありますが、俳優への対応にはランク付けのようなものがあります。当然、高倉さんは室内なら個室、野外ならトレーラーを利用し、撮影現場には専用のディレクターズ・チェアなどが用意されます。撮影の季節が真冬ならば、仮設テントやドラム缶で火を焚《た》き、待ち時間はストーブなどで暖をとることになります。

「高倉さん、こちらにどうぞ」

その日は野外撮影で、先導するディレクター、プロデューサーらが出番前の高倉さんを丁重にもてなしていました。

「ありがとうございます」

高倉さんは一言お礼を述べたのですが、用意された椅子には腰掛けないのです。

どうしたのだろう？——私は遠目から眺めていました。

「さあ、どうぞお座りください」

プロデューサーが促《うなが》すものの、

「大丈夫です」

高倉さんは手のひらをプロデューサーに向け軽く振って遠慮し、椅子に座らず、スタッフらがいない場所に一人で移動すると、姿勢を正して、共演者らの演技や周囲の様子を見ているのです。

なぜ、座らないのだろう……?

用意された椅子に座らない高倉さんは、立っている場所でストレッチをし始めていました。その視線の先を追ってみると、監督の補助をはじめ、出演者のメイク担当者、重たいライトを抱えている照明係やカメラマンのアシスタントらがいて、彼らのような現場の裏方スタッフたちの仕事ぶりを観察していたのです。

ある日の会話の中で、撮影現場で椅子に座らない理由を尋ねたことがありました。

「なぜ椅子に座らないのですか」

「Tak、現場ではスタッフたちが懸命に仕事をしているんだよ。俺だけが座っているわけにはいかないだろう」

そう笑って言いました。これは私の推測ですが、もしも椅子に座っていると、目線が低くなってしまい、現場全体を見渡すことができなかったからなのかもしれません。高倉さんは、現場にいる時は常に全体に目を配っていました。演技をしている俳優だけでなく、裏方のスタッフの仕事ぶりにも視線を向けるのです。高倉さんは、自分の仕事に一所懸命注力して「無」になっている人が好きでした。また、俳優の仕事の一環としても、こうした人物観察は人間の行為や所作を学ぶことになりますから、演技の幅にもつながってくるわけです。

映画監督であり俳優でもある北野武が情報番組に出演した折、映画『夜叉』（監督降旗康男　主演・高倉健　85年）で高倉と共演したエピソードを次のように語っている。映画のロケ地・福井県での出来事だ。（ORICON NEWS 2014年11月23日）

「皆さんが働いているから、差し入れを持ってきました」

高倉が荷物を持って現れたという。恐縮しながら北野はこう促したそうだ。

「健さん、（イスに）座ってくださいよ」

「皆さんが働いていますから」

と高倉は拒んだという。

「そうすると、みんなが（高倉を気遣って）立ってしまいます」

北野が高倉に伝えたところ、高倉はこう言った。

「では、これから僕にできることはありませんか？」

高倉の問いに北野はこう伝えたそうだ。

「じゃあ、帰ってください！」

高倉は「全部たけちゃんの作り話」と切り返した。

高倉さんの口癖の一つですが、「普段見られていないところに、その人の本来の姿や本性が見える」というものがあります。そうした考えもあって、人間観察をすることが好きだったのかもしれません。人の行為を見ること自体、楽しかったのではないかと思います。とはいえ、北野さんのご指摘の通り、高倉さんが現場で椅子に座らないとなると、他の俳優のかたがたも座るわけにはいきませんよね。全員が立ちっぱなしになっている撮影現場を想像すると、少々笑ってしまいますけれど。

撮影現場に同行した2日目、高倉さんと同じように、私も現場の人間観察をしてみました。俳優の皆さんではなく、むしろ裏方のスタッフ全体を見ていたのです。撮影中は高倉さんの目が光っていることもあって、みなさん、無心になってそれぞれの仕事に励んでいました。撮影終了後には高倉さんと撮影スタッフ数名と一緒に、ビバリーヒルズの韓国料理店で夕食をとりました。そこでの人間観察が、私にとっては興味深い出来事でした。テーブルには注文した大皿料理がずらりと並びます。中国料理ならば、店のかたが個別に分

グリフィスパーク周辺でのCM撮影。やはり座っていない。

けてサーブしてくれますが、韓国料理ではそのようなサービスはありません。高倉さんの前には、大皿に盛られた魚がありました。

「健さん、どうぞ、どうぞ」

監督やプロデューサーらは、先に手をつけるわけにいかないようで、高倉さんが箸を出すのを促しています。まるで、高倉さんが椅子に座らないと誰も座ることができないのと同じような光景に私には見えました。

「……」

しかし、高倉さんは黙って大皿の魚をじっと見つめているだけです。誰もが遠慮して手をつけません。日本人の遠慮深さというか、奥ゆかしさなのかもしれませんが、単に優柔不断なだけなのかもしれません。私は見ていてじれったくなってきました。

「健さん、魚に手をつけていただけないだろうか」

「誰か、なんとかしてもらえないだろうか」

言葉に出さないまでも、大勢のスタッフらがそう思いながら、重い空気を醸《かも》しているのだと私は感じとりました。

このままだと埒《らち》があかないぞ……私はすぐさま立ち上がり、高倉さんの横につきました。私の行動を見たスタッフたちの表情に「口火を切ってくれた！」と安堵が浮かんだのを私は見逃しませんでした。私はナイフとフォークで魚の身をほぐして、銘々の皿に取り分けます。そして、一言お断りをしました。

「高倉さん、失礼致します」

私は一礼し、高倉さんには魚を載せた皿を置かず、まずアシスタントの若い男性の前に置いたのです。

「えっ？　それはまずいだろう」

「健さんが一番だろう！」

周囲の視線に、驚きと焦りと怒りの言葉が読み取れました。しかし、高倉さんをチラッと見ると、口元がニヤッとしていたのです。

「Ｔａｋ、よくやった」

私には、高倉さんがそうほめてくれているように受けとめられたのです。私はただ、高倉さんがいつもやっている人間観察を基に実行しただけです。もちろん、本来ならば、優先すべきは主賓である高倉さんなのでしょうが、当日の撮影現場では、そのアシスタントの男性が最も長時間働いていたし、途中、食事をすることもできていませんでした。一心不乱、一所懸命の姿だと、私は現場を見て感じたものですから、独断で決めて行動に移したのです。

高倉さんにはきっとご理解いただけるはずだ——私はそう信じたのです。高倉さんから教えてもらった言葉が、私の背中を押した気がしました。

じっとしていても風は吹かない
いい風が吹くところへ行かないといけない

「とりあえず」「一応」をビジネスで使うな

「Ｔａｋ、実は欲しい車があるんだよ」

前章で触れた95年モデルのポルシェ９１１ターボを求められた時の話です。全米中を私は伝手をたどって、指定された車種を探し、ビル・ゲイツ氏が前オーナーといわれる同車を見つけ出したのは、すでにお話しした通りです。高倉さんは購入のためにロサンゼルスを訪れて即決、その後、私は日本への輸送への書類手続きに手間取りましたが、どうにか滞《とどこお》りなく手配を終え、高倉さんとのビバリーヒルズのレストランでのランチの約束のため、雅子と共に向かいました。

「高倉さん、遅くなりましてすみません！」

「おう、Ｔａｋ、忙しいところ、俺の車のためにすまない。ありがとう」

高倉さんはまもなく念願のポルシェが手に入るため、喜びを隠せないといった様子でした。

「ところで、ポルシェの輸送手続きは順調か？」

さりげなく問いかけをされました。

「はい、とりあえず、やっておきました」

私は笑顔で返答したのです。すると、高倉さんの表情が一瞬で険しくなったように見えたのです。

「Tak、〝とりあえず〟という言葉はおかしいぞ」

高倉さんは、家内の前であろうが遠慮せず、私の発言に対して指摘をしてきたのです。

何か、まずいことを言ったのかな？……私はあわてて取り繕《つくろ》うように進捗を説明しました。

「あのう、一応、書類の手続きは済んでいるので、大丈夫かとは思うのですが……」

しかし、高倉さんの顔から険は取れません。再びこう返してきたのです。

「〝一応〟も〝とりあえず〟も、完璧な言葉じゃないぞ。その言葉は良くない」

高倉さんは私に諭すように静かに話し出しました。

「その言葉を使っていたら、大きな仕事を任せてもらえなくなるぞ。今後、その言葉は使わないようにしたほうがいい」

高倉さんは、自分が常に精一杯、物事に対応して真摯な姿勢と強い気持ちで向き合ってきた人でした。人と人との付き合いに重きを置き、役者として、人間として、自分がやれること、自分がやらなければいけないことに対し、妥協せず常に全力投球であたってきました。だからこそ、受けた仕事の依頼を「とりあえず」とか「一応」などと曖昧な言葉で表すことが許せなかったのでしょう。

人として常に完璧であろうとする高倉さんは、人間関係においてもそれを実践していました。高倉さんは知人を他人に紹介することを好みませんでした。

「Ｔａｋ、人を紹介するのは、簡単にはできないことだぞ」

それが口癖でもあり、ロサンゼルスや日本で私と一緒にいる時に、偶然誰かに会っても、相手に私のことを紹介することはありませんでした。その理由を尋ねたことがあります。誰かに人を紹介して、その先うまく関係ができていけばいいのだけれど、必ずしもそうはならないことが少なからずあるものです。高倉さんは、自分が起点となってつないだ関係が、うまくいかなかったりトラブルになってしまうことを嫌っていました。紹介した者同士がうまくいくだろうかと心配ばかりして、お互いのためによくないということでした。

「相手が嫌な思いをしたらどうする？　それは紹介した自分の責任になるんだよ」

この言葉が胸に突き刺さりました。紹介後の関係性や相手の気持ちを思いやるがゆえのことだったのです。高倉さんはそれくらい人と人との縁や関係性を大切に考えていました。そんな正直な言葉を聞いて以来、高倉さんと一緒に撮影現場など第三者がいる場所では、私は黙って行動を共にしていました。

不思議なことですが、黒澤明監督にも同じところがありました。私が撮影現場にいても、黒澤監督から周囲の関係者たちに私の素性を明かしたり、伝えることはありませんでした。私は黒澤監督のことを監督の家で二人以外に人がいない時は、「お父さん」と呼んでいました。そう呼ばせていただけることは、黒澤監督からも家族として受け入れていただいているようで、心地よかったのを覚えています。

奇《く》しくも高倉さんから、こんな言葉を言われたことを思い出します。

「表には出ないほうがいい。俺との関係が知られれば、Ｔａｋ、おまえに対していろんなやつらが寄ってくるだろう。邪《よこしま》な狙いを持って近寄ってくるやつがいる。そういう連中とかかわるべきじゃない」

このエピソードを話していて、ふと思い出したことがあります。１９９５年ごろ、ハリウッドスターらも一目を置く米雑誌『ＡＲＣＨＩＴＥＣＴＵＲＡＬ ＤＩＧＥＳＴ』から黒澤久雄氏がインタビューを受けました。黒澤父子による『乱』について問われたのです。私はこう答えました。

「親子で初のベンチャーでもあります。久雄氏は私に〝影武者〟になってほしいのでしょう。そうすれば、彼はアメリカに常駐する必要なく、日本でのビジネスにあたることができますから」

その担当記者から別れ際に、こんな言葉を言われたのです。

「Ｔａｋ、あなたはケン・タカクラとアキラ・クロサワのプライベートをマネージしているようだが、これまで表に出ることはなかったな。そこでも二人の〝カゲムシャ〟のようだよ」

クロサワ・エンタープライゼズＵＳＡの事業が軌道に乗り、黒澤監督の作品のリメイク版などでハリウッドから注目をいただいていることに関して、弁護士を通じて受けた「日本の有名人の家を紹介する」というテーマのインタビューでした。

二人の影武者？　何を言ってるんだ――当時は笑って受け流したものですが、この言葉の意味がいまになってようやく理解できた気がします。プライベートマネジャーとして、高倉さんが素に戻れるお忍びの時間のために、私は奔走してきました。影となって動けたからこそ、高倉さんを支えてこられたのは間違いありません。誰彼となく私を紹介しようとしなかったことには、そんな理由もあったのだと理解しています。

影として黒澤作品を守り、映画づくりのための裏方としての手配や契約、様々なハリウッド俳優たちのコーディネートを手掛けてきた私への、この上ない称号と受けとめています。

第4章

「黒澤明」の大看板を背負って

ジョディ・フォスターから「すべて任せるわ」

この章では、Ｔａｋ氏が任されることとなったクロサワ・エンタープライゼズＵＳＡの具体的な業務内容に加え、黒澤明監督との関係性について、さらに踏み込んだ話を聞いていく。高倉健、黒澤監督の両雄を、決して表に出ることなく、徹底して陰から支え続けたＴａｋ氏の仕事ぶりが、いかに二人の心を捉えてきたのか。Ｔａｋ氏でしか知りえなかった映画界の巨匠との日々とは――。

クロサワ・エンタープライゼズＵＳＡの社長に就任はしたものの、決して資金的に余裕があったわけではありません。基本的に独立会計で日本法人に頼れず、現地での仕事は自分たちで見つけてこなければなりませんでした。ロサンゼルスで社員を雇っても、人件費のコストは自分たちの仕事で賄《まかな》わなければならず、仕事の幅を広げていくことが難しい状況でもありました。

そのために仕掛けた仕事の一つが、タレントのマネージメントでした。日本のクライアントがハリウッド・スターをＣＭに起用したい場合、出演交渉から現場でのコーディネートまでを一括して受け持つというものです。クロサワ・エンタープライゼズＵＳＡを立ち上げた当時、人気のハリウッド・スターのCM出演のギャラは1本1億円超とも言われていました。

ハリウッド・スターをコーディネートする最初の仕事となったのは、1988年のミッキー・ロークとのものでした。日本の大手広告代理店からダイハツ・シャレードのCM出演依頼を受け、たまたま私のオフィスのすぐ近くに彼の個人オフィス「レッドルビー」があり、直接交渉に挑んで口説いたのでした。若い時の彼は好青年で、とても魅力的でした。その後もいくつかのプロジェクトをご一緒する機会があり、6年間くらい交流しました。

そもそも彼と初めて出会ったのは、黒澤監督に依頼されてフランシス・フォード・コッポラ監督を『ランブルフィッシュ』（主演・マット・ディロンほか 83年）の撮影現場に訪ねた時でした。そこに若手俳優だった彼も出演していたのです。

その後、彼とは映画以外での仕事もありました。彼は映画『ナインハーフ』（監督・エイドリアン・ライン 86年）で大ブレイク。あの映画は、非常にセクシーなテーマで、彼は世界の女性ファンを獲得しました。そのタイミングで、彼の誕生日パーティーをコーディネートしたことがあります。もちろん、日本人女性にもファンが多く、私は日本の企業とタッグを組んで、日本からのミッキー・ローク誕生日パーティーツアーを組み、多くの集客に成功しました。

「あなたの映画に対して、日本人女性は大変興味を持っているよ」

ミッキー・ロークと。ボクシングの試合での来日時でもサポートをした。

彼に言葉を投げかけると、

「嬉しいね」

と目を細めていました。その後もミッキー・ロークは、私にプライベートの相談事をしてくるようになりました。主演映画『ハーレーダビッドソン＆マルボロマン』（監督・サイモン・ウィンサー　91年）で彼はバイク乗りを演じていますが、ふだんから数十台のオートバイを所有するバイクマニアでもありました。

「バイクが多くて困っている、売却したいんだけれど、Ｔａｋ、お願いできる？」

私はすぐ日本のバイクショップとの橋渡しをして、彼のコレクション売却の手配をしました。ミッキー・ロークの人気は当時、日本でも凄まじかったので、バイクの買い手はすぐに見つかりましたし、そのほかにも彼の日本企業のＣＭ出演をコーディネートしたこともあります。

彼はボクシングが好きで、ボクシングジムをつくりたいと言い、私も一緒にジム用の場所を見て回ったことがありますし、プロボクサーライセンスを取って日本で試合を組んだことがあり、来日のためのサポートもしました。物議を醸す試合結果となりましたけれど、ボクシング好きの高倉さんがあの試合を見ていたら……複雑な表情を見せたに違いありませんね。

その後の大きなタレント交渉は、これもまた日本の大手広告代理店経由で、ジョディ・

フォスター。子役としてロバート・デ・ニーロと共演した『タクシー・ドライバー』(監督・マーティン・スコセッシ　1976年)をはじめ、『告発の行方』(監督・ジョナサン・カプラン　88年)、『羊たちの沈黙』(監督・ジョナサン・デミ　91年)など数々の話題作に出演していた、押しも押されもせぬ人気俳優です。依頼を受けたのは「マウントレーニア・カフェラッテ」(森永乳業)のCM出演でした。彼女が所属するIMC(インターナショナル・マネージメント・カンパニー)の社長は、奇遇にも私の知り合いでありました。

まず、日本の企業がハリウッドスターへの仕事を依頼する時、俳優たちが組織するユニオン「SAG-AFTRA(映画俳優組合アメリカ・テレビ・ラジオ芸術家連盟)」を通さなければなりません。

日本のCMは主に2期(春、秋)に分かれて放送していたため、ギャラは1回の撮影で2本分をパッケージにして契約交渉をさせる企業もあり、私たちの腕の見せどころでもありました。私はジョディ側からの厳しい条件提示があるかもしれないと考え、その感触を確かめるためにジョディのプロダクションにアポイントメントを取って、担当マネジャーと直接面会することにしました。

まず、クライアントとなる日本企業はどのような会社なのか、出演する俳優にとってそれがイメージダウンにならないことをまずは説明しました。森永乳業は1917年創業、日本人の健康増進にも一役買っている歴史ある企業で、今回は新製品となる乳飲料であり、中年男性が好むような缶コーヒーしかなかった日本市場に新たなコーヒー文化を生み出そうとしている肝煎りの新商品であること、そのイメージキャラクターとしてCMに出演してほしいという狙いと、ギャランティ、移動手段の飛行機はすべてファーストクラス、滞在には一流ホテルを用意するなどの条件を提示するのです。合わせて、先方が考えるNG事項などもあらかじめ確認しておきます。それらの情報をクライアント側とも共有して交渉を進めていきます。

この時は、ジョディの出演映画のタイミングも把握していましたから、それに合わせたかたちでCMをオンエアできることも伝えました。

「今回の『カフェラッテ』のCM出演は、ジョディの最新映画の日本でのプロモーションにもつながるでしょう。また、日本企業との縁を持てば、先々のタイアップなどの案件にも拡大していくことは必至と思われます。何より、ジョディ・フォスターの魅力をさらに日本人に浸透させることは、大きなメリットとして考えられますが、いかがでしょう？」

先回りをした情報収集をしていたことは、マネジャーはもちろん、ジョディ本人の心にも響いたようでした。まず担当マネジャーが興味や関心を持ってくれない限り、前進はしません。そのためには出演ギャラ以外の材料をいかに用意できるかが肝になるのです。

ジョディサイドはCM出演を承諾して、交渉成立となりました。アメリカからの国外移動はマネジャーが同行すると思っていたのですが、彼女は一人で現れました。

「Tak、あなたにすべて任せるわ」

ジョディは私に一任してくれたのです。滞在先のホテルでは隣の部屋に私も予約をし、不意のリクエストにも即応できるように、撮影に際して衣装合わせなどのための控え室となるように用意をしました。さらにジョディの食事の好みも聞き出し、バランスよく栄養価が高いものを選んで二人で食事に出たり、移動中でも無駄な時間でストレスがかからないよう、細やかにアテンドしたものです。

ジョディには庶民的なところがあって、コーディネーターの私に対してもNGは出さず、仕事は極めてスムーズでした。日本のクライアントの社員から集合写真の撮影の申し出があった時にも、高倉さんのように、

「OK！　じゃあ、いま撮影したフィルムは私にください」

などとジョークを言ったりして、場を和《なご》ませてもくれました。明るく、気さくで、サバサバした性格でした。

また、ジョディは黒澤監督についても詳しく知っていました。かつて『ジャック・サマースビー』（監督・ジョン・アミエル　93年）で共演したリチャード・ギアからいろいろと話を聞いていたようです。リチャード・ギアは、『八月の狂詩曲《ラプソディ》』（91年）に出演しており、黒澤作品の現場を知っていたからです。

第4章

「黒澤明」の大看板を背負って

これは黒澤監督から聞いた話ですが、仕事でニューヨークへ行った時、リチャード・ギアと会ったそうです。

「黒澤監督の作品にぜひ出てみたい」

リチャード・ギアはそう望んでいたようです。押しも押されもせぬ大スターではあったものの、破格なギャラを提示することもなく出演を承諾してくれたといいます。

「『八月の狂詩曲』にリチャードを出すよ。よろしく」

黒澤久雄氏からロサンゼルスの私の元に連絡が入りました。私は早速、リチャード・ギアのプロダクションと連絡を取り、日本での撮影スケジュールを伝え、彼の日本への渡航の手続き等を手伝いました。そのリチャード・ギアからジョディは黒澤監督について聞き、刺激を受けていたようです。

「Ｔａｋ、黒澤監督はいま何を撮ってるの？」

「次回作はどういう映画か、知ってる？」

ジョディはしきりに黒澤監督の動向を聞いてくるなど、強い関心を持っているようでした。彼女が黒澤作品に出演することはありませんでしたけれど、ハリウッド俳優たちの間で、世界のクロサワがいかに影響力を持っている存在であるのかを理解しました。改めて、クロサワの名を冠する会社を任された自分の重責を思い、黒澤監督の名を汚すようなことになってはならないと、気持ちを新たにしたものです。それこそ高倉さんが以前に言っていた「ケツの穴を締めているか？」の心境でしたね。

クロサワ・エンタープライゼズＵＳＡでは、ジョディのほかにも、ショーン・コネリー、シルベスター・スタローンなど数多くの人気俳優たちとの映画、ＣＭ出演交渉にあたりました。中でも『バック・トゥ・ザ・フューチャー』シリーズ（85〜90年）に出演していたドク博士役のクリストファー・ロイドとは、その後も家族ぐるみのお付き合いをさせていただいています。彼の描いた絵をプレゼントされたこともありますね。

最新鋭のカメラ機材を求めた黒澤監督

「渡辺くん、いまハリウッドではどんな撮影機材を使っている？」

私が一時帰国した際、黒澤監督の家を訪れると、たびたびこの質問を受けました。監督は、ハリウッドの最新機材に強い関心を持っており、それを自身の作品に使うことを切望していたものです。恐らく黒澤監督は、アルフレッド・ヒッチコック監督やジョン・フォード監督らが使っていた最新鋭のシステムを、日本の映画界でいち早く使っていました。


黒澤明が世界に先駆けて取り込んだ撮影方法に、「マルチカム」がある。これは複数台のカメラで同時に撮影するというものだ。１台のカメラでのワンショットがそれ

までの主流だったが、黒澤はあの『七人の侍』で望遠レンズを搭載した3台のカメラによる同時撮影を試みた。その場面を様々な視点から撮影することができ、迫力と印象の深い映像を組み合わせることが可能になったが、実際の撮影に際しては、それぞれのカメラ同士が干渉しないための配置や、カメラの台数に合わせた照明などのセッティングも必要となるため、現場スタッフは常に緻密な計算を強いられることになる。最新の方法を取り入れ、それを映像として結んでいくことには、監督はじめ現場スタッフの連携と高いレベルが求められるのだ。

クロサワ・エンタープライゼズUSAの大きな仕事の一つは、黒澤監督の映画づくりをサポートすることでした。新たな機材が発表されれば、その情報をすぐに日本にいる黒澤監督に伝えられるよう、私は情報収集のための感度を常に高めていました。インターネットがまだ普及していない時代ですから、情報は足で稼ぐ必要があります。ハリウッドのサンタモニカ通り沿いには撮影機材を扱う専門店がいくつもあり、そこへ足しげく通って最新機材の情報を得ていました。

日本にも機材リースを扱う大手業者はありましたが、機材の情報は圧倒的にハリウッドにいる私のほうが情報網が早く多かったので、黒澤監督も私の情報を頼りにしてくれていました。特殊機材を実際に目にして、操縦まで体験したうえでの情報を届けることができたのですから。

監督も私が帰国するたびに、お土産話を待っていてくださったようでした。話をするのは、いつものソファーのある部屋です。そこで私の話を聞く際の監督の所作を見るのが、私は好きでした。182センチと大柄な監督は手が大きくて指も太く、その太い指でずいぶんと小さく見えるセブンスターの箱をゆっくりとこじ開けながら、ちょっと苦労するようにタバコを1本取り出すと、火をつけ、うまそうに吸うのです。これで聞く態勢が整った状態です。そこで私が現地での話をします。

「お父さん、いまハリウッドの映画関係者の間では、小型のチューリップクレーンに注目が集まっているんです」

「ほう、それはどんな動きをするのかね？」

関心がある時の黒澤監督は、少しだけ身を乗り出すようにして次の質問を投げかけてくるのです。

「サイズがコンパクトで現場での取り回しがよく、クレーン部分も従来の3倍近く伸びるのです。ハリウッドではアカデミー賞機材賞を受賞しました。実際に触ってみたところ、かなり精巧にできています」

「そうか。それ、次の作品に使ってみたい。頼んだよ」

言葉数は少ないものの、黒澤監督が強く興味を示していることを、ちょっとした表情の変化や反応から私は推測していました。このチューリップクレーンとは、クレーンの先端にカメラを設置し、高い位置から俯瞰《ふかん》で映像撮影をするための機材で、コンパクトなはしご車やクレーン車のような形状をしています。カメラのみをセットしてリモートコントロールするタイプもあれば、有人、つまりカメラマンが一緒に搭乗して撮影するタイプもあり、クレーンの根元にはタイヤがついて、レールの上などを移動しながら撮影できる可動式のものです。

この最新型のチューリップクレーンは、現場での移動が極めて滑らかで、カメラを載せて移動している時にも振動がありません。当時の日本の映画界で一般的に使用されていた機材にも、この種のクレーンはありましたが、工事用のクレーンやアームをベースに造られたものが多く、撮影専用に開発されたものと違って、振動が生じて画面がブレてしまうという問題点があったのです。撮影機材用の重機類が抱える大きな課題でした。

それがこのチューリップクレーンは、静音でスムーズに動き、何よりサイズがコンパクトでした。撮影は狭い場所でおこなわれることもあるため、これは大きなメリットでした。ハリウッドの機材リースショップは顔なじみになるほど訪れましたし、新作映画のエンドロールに流れる機材会社を必ずチェックするなど、日々の情報収集に努めてきました。また、ハリウッドの映画監督たちがどの作品でどんなカメラ機材を使っているのかを調べ上げ、その一覧リストを黒澤監督に提出していました。監督は、ハリウッドの第一線の監督たちが取り入れた最新鋭のカメラ機材に対して、映像の仕上がりとの比較など、ご自身での研究を重ねていました。相当貪欲に情報を求め、自身の作品への取り込みを意識していたのです。

また、カメラ機材と共に照明についても深い関心をお持ちでした。『乱』や『影武者』の撮影の際、現場で使うライティングの明るさをかなり重視していたことを、熱く語っていたこともありました。黒澤監督はとにかくライティングに凝《こ》るかたで、大量の照明機材を撮影現場に持ち込んでいたものでした。だから、なおさら最新鋭機種への関心は強かったのです。

黒澤監督は、私が機材類の最新情報を伝えると、必ずこう言いました。

「いい機材があれば、僕はなんでも使うよ」

ある黒澤組のスタッフは、黒澤監督が撮影に臨む際のライティングへの凄まじいこだわりをこう語っている。ある時は、撮影所にある照明機材をすべて黒澤組が持っていってしまったのだとか。現場には煌々《こうこう》と照明が設置され、ワンカットの撮影でもライティングの微調整に1時間以上費やしたことも珍しくはなかったようだ。

そうした機材の最新情報の蓄積によって、クロサワ・エンタープライゼズUSAの新た

第4章

「黒澤明」の大看板を背負って

黒澤スタジオのオフィスにて。黒澤監督、トム・ラディ氏他と。

な事業として、撮影機材のリース部門を立ち上げることになりました。ハリウッドの機材会社との連携もできていましたから、わが社を通じてそれを拡散していくことが新たなビジネスになるのではないかと思いついたのです。しかも、黒澤監督も使っている機材という触れ込みも、使用する映画人たちには通りのいいことになります。

その時点で機材リースの同業他社はありましたから、そことは一線を画す必要がありました。そこで考えたのは、機材に関してのメカニック的な対応も当社で行ってしまおうというものでした。それまでは、リース会社は機材を貸すだけで、操作等の詳細にはそれほど明るくはなく、むしろ借りた側の撮影クルーのほうが機械に詳しく、自分らですべての操作を行っていたのです。

ところが、このシステムだと、万が一、現場で故障した時の対応が不十分になってしまいます。撮影は滞り、俳優の皆さんにも迷惑をかけてしまうのです。クロサワ・エンタープライゼズUSAでは、最新鋭の機材リースの際には必ずスタッフが撮影現場に帯同し、何かあった場合にもその場で対応できるシステムを作り出したのです。トラブルが発生してもその場で問題が解決できれば、撮影隊は安心して仕事に集中できるということです。

ハリウッドには機材アカデミー（教育・技術研究所）がありましたので、私はそこへ定期的に通い、各特殊機材の操作方法ならびに修理についてのトレーニングを積みました。機材によっては1週間から10日間かけて、朝から晩まで通うこともありました。機材の構造でわからないことがあれば、メーカーを直接訪ねて機械を分解して、メカニズムを学ばせてもらったこともあります。バラして中の構造を学ぶと同時に、クリーニング技術も身につけることができたのです。

映画賞として世界最大規模の「アカデミー賞」を主宰する、アメリカの映画芸術科学アカデミーでは、作品自体だけでなく、映画の撮影に関するテクノロジーに対しても賞を与えている。「アカデミー科学技術賞」と言い、「技術オスカー」とも称される賞だ。ハリウッド映画の撮影機材として約7割のシェアを持つとされる映画製作機器メーカーのARRIが開発した「ALEXAデジタルカメラシステム」は、現在の撮影機材の主流となっているが、これも受賞機材である。ハリウッドは、常に最新鋭機材の集まる場所でもあるのだ。

そもそも、私の機材に関する基礎知識は、日本の「黒澤フィルムスタジオ」で機材リース業のために技術を修得したことに始まりましたが、クロサワ・エンタープライズUSAでもこのキャリアが生かせることになったのです。

「『用心棒』にはアメフトを使ったよ」

一時帰国した私は、野球観戦やゴルフをたしなむなどスポーツに関心を持っていた黒澤監督と、日本で83年か84年に開催されたアメリカンフットボールの試合「ミラージュボウル」を、東京の神宮外苑で一緒に観戦したことがありました。とにかく北風が強く、猛烈に寒かったことをよく覚えています。

ミラージュボウルとしてよく知られていたこの試合は、NCAAカレッジフットボールの大会だ。カレッジフットボールとは、アメリカ合衆国の大学アメリカンフットボールが参加して行われる大会のことだ。アメリカでは、プロリーグのNFLと並ぶ人気試合の一つになっている。日本で開催されたミラージュボウルは、三菱自動車がスポンサーとなり、1977〜85年の長きにわたって東京で試合が行われたことで、日本人がアメリカンフットボールへの関心を持つ礎《いしずえ》となった。その後、パイオニア、コカ・コーラ社がスポンサーとなり、大会の名称も変更されている。

そもそもは高倉さんが三菱自動車のご縁から会場に招待をされていたのですが、急遽、

第４章

「黒澤明」の大看板を背負って

別の仕事が入ったため、私が代わりに観戦に行ったのです。招待されたＶＩＰ席には、読売巨人軍の長嶋茂雄監督や黒澤明監督の姿があり、ご挨拶をして席につきました。

日本人の観客の多くは、初めて目の前で見るアメリカンフットボール選手たちが激しくぶつかり合うプレーに衝撃を受けているようで、大歓声が上がっています。ただ、黒澤監督は黙って選手たちのプレーをじっと眺めていたように見えました。試合会場で別れて数日後、黒澤監督のご自宅へお邪魔した時に、ミラージュボウルの話題になりました。

「監督、あの日は寒かったですね」

という私の言葉に対して、黒澤監督は、

「試合後、車に戻ったら、氷が溶けるように眠ってしまったよ」

監督は実に独特な表現で語る人でした。感心しつつ、ミラージュボウルの迫力についてあれこれ話しました。するとこんな一言が聞けたのです。

「あの試合の激しさ、映画のワンシーンでも使ったことがあるんだよ」

「アメフトをですか？　どの作品に使われたのですか？」

私が聞き返すと、

「『用心棒』だよ」

監督は笑みを浮かべていました。

『用心棒』（主演・三船敏郎　61年）は、言わずと知れた黒澤監督の代表作の一つだ。映画の舞台は、ヤクザと賭場の元締めが対立する寂《さび》れた宿場町。そこへ一人の浪人がやってくる。立ち寄った居酒屋の店主に、「早くこの土地から出ていったほうがいい」と言われるが、浪人は自分を用心棒として雇うように店主に売り込む。やがて、用心棒と関連して、二つの勢力は対立を深めていくというストーリーだ。その浪人を中心に、様々な抗争が繰り広げられ、立ち回りの場面は多い。

「浪人が刀でヤクザを斬りつけて前に進むシーンは、アメリカンフットボールの試合から得た発想なんだよ」

コーヒーを美味しそうに飲みながら、監督は笑顔で話していました。言われてみると、ミラージュボウルで見たアメフト選手たちの激しい衝突の様子は、どことなく用心棒に薙ぎ倒されていくヤクザたちの光景とオーバーラップしていきます。

監督の人間観察、洞察力を知り、ふと思い出したのは、高倉健さんの姿でした。一緒にその場にいても、高倉さんの視野はまさに360度見渡しているかのようでした。見ていないようでいても、実は仔細に自分の目で確かめながら周囲の様子を見ていたのです。特に撮影現場では、裏方役のスタッフの働きについても非常によく観察していて、目立たない中でも無心になってサポートしてくれている人などには、感謝の声もかけていたことを思い出します。

「一所懸命、仕事をしている人の姿は美しい」

黒澤監督と高倉さんは、人一倍、他者に関心を持ち、その人の所作や言動を丁寧に観察している——その共通項に改めて気づかされたのでした。

「ナバホ族」の儀式と『隠し砦の三悪人』の火祭り

「パパと私は、祭りは不気味だから嫌いなの」

アメリカでの活動報告のために訪ねた黒澤監督のご自宅で、監督の奥様・喜代夫人から聞いた言葉でした。事業報告を終えた後の雑談で、私と妻のアメリカでの新婚時代の話題からの流れです。かつて私が撮影で縁ができたネイティブ・アメリカンのナバホ族とのエピソードでした。

時系列が前後しますが、これはクロサワ・エンタープライゼズUSA設立前の話です。

当時の私は、カメラマンとして、さらにはコーディネーターとして、国内外のクライアントからの依頼で、特に車に関連する撮影地にモニュメント・バレーをセレクトする機会が多くありました。モニュメント・バレーとは、アメリカ南西部のユタ州南部からアリゾナ州北部にかけて広がる地域で、映画『駅馬車』（監督・ジョン・フォード　主演・ジョン・ウェイン　39年）や『捜索者』（監督&主演・同　56年）の西部劇の舞台として使われて以降、『2001年宇宙の旅』（監督・スタンリー・キューブリック　68年）、『イージー・ライダー』（監督・主演・デニス・ホッパー　69年）、『バック・トゥ・ザ・フューチャーPART3』（90年）、『フォレスト・ガンプ／一期一会』（監督・ロバート・ゼメキス　主演・トム・ハンクス　94年）など多くの映画の撮影地として使われています。CMにおいても、俳優・チャールズ・ブロンソン「マンダム」シリーズ第一作がここを撮影地にしていました。

「マンダム」の第一作は大林宣彦監督による映像でした。大林監督とは、群馬県の「富岡製糸場」の映画のために1年間、プロデューサーとして一緒に開発にあたりました。何度も食事をご一緒しましたが、酒が回ってくると、チャールズ・ブロンソンのマンダムの撮影時のことをよく話してくれたことを覚えています。

モニュメント・バレーはタバコの「マールボロ」のCMにも使われ、同社は撮影クルーが旅をするようにして荒野の中を撮影していくことで知られています。高倉さんも、この荒涼とした大地が好きでした。いつか自身で映画のプロデューサーを務めることができたら、この場所を撮影クルーと共に巡ってみたいと夢を語っていたものでした。

また、この地は、ネイティブ・アメリカンのナバホ族の居住地域で、〝ナバホの聖地〟とも呼ばれています。現在は、一定の自治権を保有した「ナバホ・ネイション」（ナバホ国）という準自治領として扱われています。この地で使われている言語は、ナバホ語と英語でした。

モニュメント・バレーを訪れる機会が多くなるにしたがって、ナバホ族側とも顔見知りになっていきます。ナバホの広報担当のチーフを務めていたのは、ナバホの長の娘と結婚した、白人のビル・ホワイト氏という人物でした。そのころの私は、渡米してきたものの、永住権が取れなかった時期で、アメリカで身を立てていくことにまだ不安も抱えていた時期です。ビル・ホワイト氏と親しくなり、彼に気に入られた私は、部族の長である彼の義父・ランディ氏にも紹介される間柄になれたことで、このアメリカの地で受け入れてもらえたような思いにもなれ、私にとっても大きな支えとなりました。

のちに、まだ結婚式も挙げていなかった家内を連れてナバホのランディ氏のもとを訪れると、彼は我々に民族衣装を着せてくれて、シンプルではあるものの、仮の結婚式のような集まりまでしてくれました。さらに、長からビル・ホワイト氏を通じて、こんな歓迎の言葉をくれたのです。

「おまえをジャパニーズ・ナバホにしてあげるよ」

彼に話によると、当時のナバホの居留地はイギリスの約7倍で、ナバホの一族であれば、その範囲でどこでも好きな場所に住む権利が与えられるとのことです。ナバホの家は、泥で作られたカマクラ型でホーガンと言い、その中に6名ほどが生活できる広さを持っていました。

とてもありがたい申し出ではありましたが、さすがにこの地で暮らしながら、カメラマンやコーディネーターとしての仕事をこなすことは無理です。しかし、逆にカメラマンという職業柄、私は以前からナバホに関心を持っていて、未公開とされていた「ナバホの火祭り」の儀式など、機会があればぜひ見てみたかったのです。

ナバホの文化に生で触れられるし、これまで誰も撮れなかった儀式も撮らせてもらえるのではないか……？

収益がなくても住む場所は確保できる、そして、カメラマンとしての撮影意欲も満たされるのなら、ここに根を下ろすのも幸せなんじゃないか……心が揺らぎました。

「ここに住んでもいいかな？」

家内に相談をしました。

「あなたはいいのだろうけれど、ここで住むことになると……」

いま振り返れば、この時、家内が現実的な考えを持っていたことで、われに返ることができたのだと思います。それくらい、ビル・ホワイト氏とランディ氏からのオファーは、私にとって魅力的であり、救いのように響いたのです。しかし、現実的ではなかったことに気づかされました。ビル・ホワイト氏には大歓迎をしていただけたこと、仲間に加えていただけることに感謝し、永住権が取れなくても、このままここで暮らすことの望みもあ

ティピーの前に立つのは、チーフの娘のドレスを着た雅子夫人。

Tak 氏夫妻。モニュメントバレーをバックに。

ると思いながらも、ロサンゼルスに戻ったのでした。

　ナバホの火祭りの儀式の撮影をお願いしたところ、さすがに撮影はＮＧでしたが、儀式の準備設営の撮影許可は下りました。陽が落ちる前の儀式は、着火前の台座を塩で囲み、清めます。そしてそこへ、とうもろこしをすりつぶしたものを撒いていました。本来、火祭りの儀式は、３６０度なにもない砂漠のど真ん中に部族が集まり、日暮れと共に９日間も祈りとダンスが続くのです。

　こういった体験談を、私は黒澤監督に話しました。私のナバホ体験の話を聞くと、黒澤監督は笑い出したのです。

「『隠し砦の三悪人』（主演・三船敏郎　58年）の撮影でも、ナバホの火祭りと似たシーンがあったね。三船（敏郎）くんが金塊を燃やす火祭りのシーンだけど、火柱がものすごくて、３日間燃やし続けて、消防車を何台も用意してまで鎮火させたのだから、あれは、現場は苦労したもんだ」

「あの火祭りのシーンで、そんなご苦労があったのですか！」

　ところで、この話の冒頭に触れた喜代さんの「祭りは不気味」という言葉が、その後もずっと気になっていたのですが、その理由を教えてはくれませんでした。ナバホの火祭りがあの時の私の心を捉えてしまっていたことに、喜代さんは祭りの不思議な力を感じていたのか……いまとなっては真相はわかりません。

『隠し砦の三悪人』は、戦国の乱世が舞台だ。敵の手から逃れた姫を担ぎ上げ、砦に潜伏していた敗軍の将がお家再興のために、隠しておいた金塊を持ち、敵方の陣を突破していく活劇だ。その後半で、何かにとりつかれたように歌い踊る火祭りのシーンがある。「浮き世は夢よ、ただ狂え」——祭りの持つ狂気と不気味が謎の歌謡と共に表現されている。登場する百姓コンビは、のちに『スター・ウォーズ』の「C－3PO」「R2－D2」のモデルにもなったという。同作品は、第9回ベルリン国際映画祭で監督賞と国際映画批評家連盟賞を受賞した。

ユニバーサル・スタジオ・ジャパンは千葉の予定だった

ハリウッド映画を体験できる大人気のテーマパーク「ユニバーサル・スタジオ」は、世界に5か所のみ。日本には大阪府に「ユニバーサル・スタジオ・ジャパン（USJ）」が2001年3月にオープンした。しかし、USJが実は、関西ではなく関東に建設される予定だったことは、あまり知られていない。

そうなんです。本当は、千葉県君津市の新日本製鐵（現日本製鉄）の保養地にUSJは建設される予定だったんです。そして、その中に「黒澤スタジオ」が入ることになっていました。ユニバーサル・スタジオ社のルー・ワッサーマン会長は、ディズニー・ワールドがあるアメリカのフロリダ、カリフォルニアにユニバーサル・スタジオを置くことで、距離的な近さによる相乗効果が生まれることを知っていました。ユニバーサルが次に狙った場所が日本だったのは、千葉県浦安市に東京ディズニーランドがあったからです。ここから遠くない場所にＵＳＪを立てる方向で、計画は進んでいたのです。

ＵＳＪの上陸の情報をキャッチした私は、まず、そこで黒澤監督が映画制作をするためのスタジオをつくる構想が浮かびました。ユニバーサル・スタジオ社としては、この事業は海外第一号でもあります。私は早速、黒澤監督に提案をしました。

「お父さん、ユニバーサル・スタジオが日本進出を考えていて、どうやら千葉県にできるかもしれません。この場所に黒澤スタジオを展開すべきだと思います。そして、黒澤の作品も展示するミュージアムもつくります。ユニバーサルの会長に交渉したいと思うのですが、いかがでしょうか？」

黒澤監督はこう答えました。

「僕の作品の資料などは、大事にしてくれる人に任せたい」

監督の承諾を得た私は、ユニバーサル・スタジオ社のワッサーマン会長を口説くために動き始めました。まずは、ユニバーサル・スタジオ社の重役たちが来日した時、私は新日鐵の重役を連れて、ロケハンのコーディネーターを務めることになりました。東京国際空港から黒澤久雄氏と十数名の重役が搭乗したチャーターの大型ヘリコプターは、計画地となる千葉県君津市と浦安市を結ぶ、東京湾内と東京ディズニーリゾート内のテーマパークの上空を旋回して視察しました。

この段階まで来る過程で、私はワッサーマン会長あてに、黒澤作品『乱』で根津甚八さんが出演の際に着用した甲冑《かっちゅう》の写真を大きく引き伸ばし、黒澤監督のコメントとサインを書き添えたパネルをお贈りしました。ユニバーサルの重役たちも黒澤作品の熱烈なファンだったこともあって、私からのプレゼントに感動し、大いに喜んでいました。ちなみに、黒澤監督からのコメントは、ご本人が考えたものではなく、私と家内の二人で考えたもので、その提案を監督が了承して直筆で記してくれたものです。

パネルに記された監督のサイン横のコメントには、こうありました。

誰かが引き金を引かねばならない

黒澤監督によるこのコメントが、何を意味するものなのか、ワッサーマン会長には伝わったようです。サインとコメントの入ったパネルのプレゼントを気に入ったワッサーマン会長から、千葉県君津市を建設候補とする新たなテーマパーク（ＵＳＪ）内にミュージアムスタジオを置くことへの許諾を得られたのでした。

その後も計画は順調かつ具体的に進みました。東京湾アクアラインが開通するタイミングに合わせることも含めて、ワッサーマン会長をはじめとするユニバーサル・スタジオ社の重役たちは満場一致で、ＵＳＪの予定地は千葉県君津市にするということが決まったのです。

ところが、候補地の中に、実は民間の土地が一部含まれていることがのちに判明してしまうのです。ユニバーサル・スタジオ社は、新日本製鐵側に問い合わせていました。

「買収、交渉にはどのくらいかかるのか」

「2〜3年の年月はかかるだろう」

そのやり取りから2年が経過しても、土地の所有者との交渉は成立しないままの状態が続きました。その民家を除く土地の使用の段取りはついていたため、いっそ民家の上をまたぐような橋などをかけて、立ち退《の》きをせずとも開業する方法なども挙がったようですが、さすがにそれは無理です。結果、5年間に及んだ交渉は失敗に終わり、ユニバーサル・スタジオ社は君津市への進出から手を引くことになってしまったのでした。

ＵＳＪはそうした経緯を経て、現在の場所につくられたわけですが、黒澤作品の展示に関しては、実現はしませんでした。ディズニーとユニバーサルのアミューズメントパークがこれほど近くで開業できていたら、相乗効果によってどれほどの経済効果を生み出したでしょうか。現在の東京ディズニーランド、ＵＳＪそれぞれの単体の収益以上の数字をたたき出していたことは想像できます。映画文化の振興にも寄与していたでしょうし、何より、黒澤監督の作品群を広く伝えていくためにも、大きな意味があったことと思います。残念でなりません。

なぜ高倉健は黒澤映画『乱』出演を断ったか

黒澤明が構想10年、製作費26億円をかけて完成させた大作『乱』は、１９８５年に公開された日仏合作の歴史映画だ。主演は仲代達也。物語は、シェイクスピアの悲劇『リア王』を原案に、毛利元就が説いた「三本の矢」の逸話を取り入れ、裏切りと憎しみの中で殺し合う人々の姿を描いている。同作は、黒澤明の最高傑作の一つと言われ、国内外で高く評価された。第58回アカデミー賞では、監督賞を含む4部門にノミネートされ、ワダエミがデザインした衣裳の美しさは、同年のアカデミー衣装デザイン賞を受賞している。そのほか、第40回英国アカデミー賞では6部門ノミネート、外国語作品賞、メイクアップ賞を受賞。第28回ブルーリボン賞では作品賞と監督賞を受賞。この作品に関して、高倉健に出演の白羽の矢が立っていたことは既報の通りだが、高倉はそれを断っていた。Ｔａｋ氏はその一部始終を黒澤、高倉双方の近くで見てい

たのだ。

高倉さんは、私と会う時には挨拶をするかのように、決まってハリウッド映画と黒澤監督の近況を聞いてきたものです。

「Ｔａｋ、いまハリウッドで流行っているのは、どんな作品？」

「黒澤監督はいま何を撮影している？」

「次は、どんな作品のシナリオを書いているんだ？」

高倉さんは常に黒澤監督がどんな動きをしているのか、情報を知りたがっていました。

「監督が書いた脚本を入手してもらえないだろうか。読んでみたいんだよ」

黒澤監督が脚本家として書いた作品『日露戦争勝利の秘史　敵中横断三百里』のシナリオを入手してほしいと依頼してきたのです。この作品は57年、森一生監督、脚本を黒澤監督が担当する形で公開されました。ずいぶんと古い作品の脚本を求められているので、その理由を尋ねてみました。

どうも高倉さんは、黒澤監督がリメイク版『敵中横断三百里』を手掛けるかもしれないという情報をどこからか入手していたのです。当時のシナリオであれば、また相手が高倉さんであるのならお見せするのは問題ないと思い、なんとか探し出してコピーしたものを渡しました。

「Ｔａｋ、ありがとう。もし、監督がリメイク版を作品化するならば……」

私のオフィスで渡した脚本を読みながら、そんな話をしていました。この時に限らず、高倉さんは、黒澤作品への出演願望が強く、たびたび口にしていたものでした。

「馬から落ちるシーンだけでもいいから、出演したい」

主演ではなく、脇役でもいいと常々言っていたのです。そんなある日のこと、高倉さんから連絡が入りました。

「Ｔａｋ、黒澤監督から次回作の『乱』への出演依頼が来て、高輪プリンスで会うことになった」

高倉さんの夢が現実のものとなる、すごいことだ！

黒澤監督と久雄氏はその時、私が訪米中の高倉さんのプライベートマネジャーをしていることを知ったようでした。高倉さんもまた黒澤監督と私のつながりを知っていたからこそ、相互関係として共有できた情報もありました。

その後、『乱』のプロダクション・コーディネーターを務める久雄氏は、高倉健さんと都内の旧高輪プリンスホテルで会うことになりました。黒澤作品と高倉さんの初めての接点、『乱』に向けての第1回の打ち合わせをしたのです。それ以降、高倉さんは、黒澤監督のご自宅を訪問し、二人きりの密談が始まりました。

監督が高倉さんに求めた役柄は、主人公の家臣の一人である鉄《くろがね》修理屋でした。監督とは

5回くらい役づくりの打ち合わせが開かれ、久雄氏から順調に進んでいると聞いていた私は、どんな作品になるのか、高倉さんの鉄修理屋の姿を見てみたいと心を弾ませていたのです。

ところが、しばらくして高倉さんがロサンゼルスを訪れた時、黒澤プロダクションに電話を入れて『乱』の出演を丁重にお断りした、という話を聞いた時は愕然としました。

原因は、黒澤監督と高倉さんとの間を取り持つことになった映画プロデューサーA氏が起こした金銭トラブルでした。制作側から支払われたギャランティの中の出演料をA氏が着服して、高倉さんには少ない額面で伝えていたことが発覚したのです。それを知った高倉さんは、その金額の問題を理由としたのではなく、自分とかかわっていたプロデューサーが監督側に多大な迷惑をかけてしまったことへの償《つぐな》い、非礼へのお詫びとして出演を辞退したというものでした。

映画プロデューサーA氏は、過去にも高倉さんの主演映画を手がけたことのある敏腕プロデューサーで、高倉さんも大変信頼を置いていた人物だっただけに、大きなショックを受けていましたし、憎しみと怒りに満ちていました。

「ぶん殴ったよ」

健さんは押し殺したように、そう私に話しましたが、おそらく高倉さんは実際に手を上げるようなことはしていなかったでしょう。決して暴力で事態を解決するような横暴な人

でないことは、私もよく理解しています。黒澤監督サイドは、

「A氏は、高倉さんとは関係がないのだから気にしないでほしい」

と高倉さんにはそのまま出演する形をとってほしいと伝えたようですが、高倉さんは頑《かたく》なにお断りしたといいます。

その数年後、映画『乱』が完成し、高倉さんの役どころだったはずの鉄修理屋役は井川比佐志さんが演じていました。井川さんの演技も素晴らしく、良い作品に仕上がっていたと思いますが、やはり私の心には、あの時のトラブルが刺さっていました。

高倉さんは黒澤監督の作品に出演するのが夢だった。それが、どうしてあんな形で潰《つい》えてしまったのか……残念でなりませんでした。俳優・高倉健は黒澤監督の指揮のもと、どんな演技をしていたのだろう……と。


のちに、黒澤久雄氏は週刊現代２０２２年６月５日号の鼎談《ていだん》企画で、『乱』のプロデューサーを務めた熊田雅彦氏、映画評論家で黒澤監督の甥でもある島敏光氏と、高倉が出演オファーを断った背景をこう明かしている。

「健さん本人から事務所に電話がありました。『とてもじゃないけど、このギャラじゃ出られません』って。聞けば、こちらが提示したギャラの数分の１の値段で、健さんのもとにオファーが届いていたらしい。仲介に入った人が中抜きをしようとしてい

たんだな。責任感の強い健さんのこと、いくら黒澤作品とはいえ、自分が低いギャラを飲めば後輩たちにも示しがつかないと思ったんでしょうね」

仲介に入った人物というのが、おそらくA氏だったことは想像に難くない。

そんな出来事のほとぼりも冷め、高倉さんと一緒にお酒を飲んでいた時、ふと、黒澤作品の中で好きな3作品を尋ねたことがあります。

「そうだな……。『生きる』『隠し砦の三悪人』『影武者』かな」

笑って応えてくれた高倉さんでした。

もしもあの時、『乱』への出演がかなっていれば、きっと『乱』も変わっていたでしょう。

黒澤監督を感激させたジョン・ヒューストン

黒澤監督は1995年、ディレクターズ・ギルドの名誉賞を受賞しました。プレゼンターを務めたのは、映画監督・脚本家で俳優でもあるジョン・ヒューストン氏でした。

ジョン・ヒューストンは、名優・ウォルター・ヒューストンの息子として生まれた。

ボクサー、作家、スポーツ記者を経て俳優になり、その後は脚本家への道へ。そして『マルタの鷹』（主演・ハンフリー・ボガート　1941年）で監督デビューを果たす。その後、『黄金』（主演・同　48年）でアカデミー監督賞と脚本賞を受賞するなど輝かしい来歴の持ち主だ。

しかも、ジョン・ヒューストン監督は黒澤明監督にとって、敬愛する映画監督だったのです。黒澤監督に向けての賛辞は次の言葉でした。

「私が黒澤明監督に対してなにを言えましょうか。私は、考えてみた。『姿三四郎』からすべての映画の中に、黒澤監督の言わんとしていることが、しっかりと込められているのです」

会場でその言葉を聞いていた黒澤監督は、満面の笑みを浮かべていました。会場を後にして、常宿のビバリー・ウィルシャー・ホテルへ戻った監督は、私にこう話しかけてきたのです。

「渡辺くん、ジョン・ヒューストン監督の言葉はとても素敵だった。あの言葉を書面にしたものをもらってきてくれないだろうか」

黒澤監督からの依頼を聞き、これは是が非でもご用意しなければと、翌朝すぐにヒューストン監督のオフィスに連絡を入れ、

「黒澤監督が賛辞に感激をされています。ぜひ書面に起こしたものにヒューストン監督のサインを入れていただくことはできますか？」

と懇願すると、快諾してくれました。

数日後、私はヒューストン監督のオフィスに書面を受け取りに行き、それから書面のサイズに合うパネルを購入しました。家内に翻訳してもらった小さな書面も入れて黒澤監督に手渡したのです。

「渡辺くん、ありがとう」

監督はパネルを両手で握りしめて、しばらくの間、じっと眺めていました。ヒューストン監督からのメッセージには、格別の喜びがあったのでしょう。私もその書面をコピーさせていただき、パネルに入れてオフィスに飾りました。

その後、高倉さんが訪れた時、この書面を見つけると、

「やっぱり、黒澤監督はすごい人なんだね……」

書面をしみじみと見つめていたことを思い出します。その後、お二人が同じ映画で交錯する機会はありませんでしたけれど、映画人として互いに認め合っていたことは、お二人の間近にいた私にはよくわかるのです。

第5章

世界の天才表現者からの刺激

フランシス・フォード・コッポラ監督のクロサワ愛

黒澤監督の構想10年に及ぶ作品『乱』の撮影のため、神奈川県内の広大な土地に撮影スタジオを建設する計画を黒澤久雄氏が立てていました。監督が設計した図面によれば、L字形造りの巨大なフロアで、真ん中をカーテンで仕切ると、2つのステージになる設定でした。作中に登場する天守閣を撮影する時に、L字形にすることでワンショットで360度が撮影可能なカメラワークを取り入れたかったようです。

のちに、久雄氏からこんな依頼がありました。

「Tak、限られたスペースで撮影スタジオをつくるのだが、ハリウッドのスタジオのあり方を調べて、黒澤スタジオに必要と思われるものを追求してほしい」

まずは久雄氏と共に、ジョージ・ルーカス監督の「インダストリアル・ライト&マジック・スタジオ」を訪ねることになりました。

さらに私は、全米の撮影スタジオを調査し、黒澤監督に報告後、監督の手紙を携えて、映画『ゴッドファーザー』(72年)のフランシス・フォード・コッポラ監督が当時、ハリウッドに設立した映画制作会社「アメリカン・ゾートロープ」(ゾートロープ・スタジオ)を見学・調査することにもなりました。

コッポラ監督ならば、最新鋭のカメラから重機までいろいろと揃えているかもしれない――。

クロサワ・エンタープライゼズUSAでの仕事には、様々な表現者との交流があった。この章では、世界的にもその才能を認められた面々とのエピソードを記す。フランシス・フォード・コッポラは、言わずと知れた映画界の巨匠だ。カリフォルニア大学ロサンゼルス校（UCLA）在学中、ロジャー・コーマンのもとで低予算の映画からキャリアをスタートさせた。『パットン大戦車軍団』（70年）でアカデミー脚本賞を受賞。『ゴッドファーザー』は当時の歴代世界興行収入ランキング1位を獲得。さらにアカデミー賞3部門を受賞。続いて、『ゴッドファーザーPARTⅡ』（74年）ではアカデミー賞6部門受賞の快挙を達成する。その後も『地獄の黙示録』（79年）でカンヌ国際映画祭パルム・ドールを受賞。ゾエトロープ・スタジオを共に立ち上げたジョージ・ルーカスも同様に、世界のクロサワを敬愛している。

黒澤監督は、コッポラ監督あての手紙を書くと、私に託したのです。私は早速、ゾートロープ・スタジオのオフィスに電話をかけました。

「アキラ・クロサワ!?」

対応したマネジャーは驚いたような声をあげていました。コッポラ監督が大の黒澤ファンであることは周知の事実でしたから、スタッフの反応も敏感だったのでしょう。

「黒澤監督は、日本で撮影スタジオを建てるため、ゾートロープ・スタジオでスタジオのあり方を学ばせていただきたいと思っています。ぜひご協力をお願いできないでしょうか？」

私は黒澤監督の意向を代弁しました。黒澤監督は、カメラ機材から照明設備、クレーンなどの重機に至るまで、第一線のハリウッドのスタジオがどういったものを使用しているのか、すべて知りたかったのです。

こちらの依頼への回答に、時間はかかりませんでした。コッポラ監督からオフィスのマネジャーを通じてスタジオ見学の許可が下りると、私たちは早速、ゾートロープ・スタジオを訪れました。スタジオは巨大な倉庫のような建物でした。

ちなみに、このスタジオの名前の由来は、１８３４年にウィリアム・ジョージ・ホーナーが発明した回転のぞき絵（ゾートロープ）から取ったそうです。

スタジオ内のオフィスは、まるで別荘地にあるような建物で、コッポラ監督は、これをバンガローと呼んでいました。私を出迎えてくれたコッポラ監督の第一声は、

「Ｗｅｌｃｏｍｅ！　アキラ・クロサワはどうしてる？」

というフレンドリーな言葉でした。

第5章

世界の天才表現者からの刺激

御殿場の黒澤監督の別荘にて。コッポラ監督（右）とTak氏（左から2人目）。

「(黒澤監督は) 次の作品の準備をしていますよ」

私がそう答えると、コッポラ監督は「次の作品」という言葉に反応して、「一体なんだろうか?」と興味津々な表情でこちらをじっと見つめていました。

黒澤を師と仰ぐコッポラは、かつての黒澤作品『影武者』に、ルーカスと共に「海外版のプロデューサー」として名を連ねた。撮影にかかる予算が莫大で資金集めに難航していたことから、二人が20世紀フォックス社に働きかけ、海外配給権を得る条件で、出資を決定させたのだ(製作費は600万ドル。当時のレートで約13億5000万円)。その当時の模様を、コッポラ監督はこう語っている(産経新聞　2013年10月11日)。

「微力ながらアシスタントを務めることができたのは喜びでした。一般的に偉大なインスピレーションを持ち世界を変えるような作品を作った映画監督が必ずしも素晴らしい人格の持ち主とは限りません。しかし黒澤監督は親切な人でした。特に私には親切にしてくれました。『影武者』に出資者がいなくて黒澤監督が困っているということが、私とジョージ・ルーカスの耳に入りました。そこで私たちは映画会社に掛け合って仲介することに成功し、製作総指揮という立場をとることになりました」

案内役のスタッフが見学に同行してくれる途中、敷地内の中央を貫くストリートの標識に「ＫＵＲＯＳＡＷＡ　ＳＴＲＥＥＴ」と記されていることに気づきました。コッポラ監督の黒澤監督への敬意はこうした部分にも見えていました。

これは素晴らしい！

スタジオ内は、当時からすでにフィルムではなくデジタルデータ化が進められていて、日本企業のソニーやパナソニックの高解像度機器がいち早く導入されていました。コッポラ監督とルーカス監督のすごいところは、メカニックのスタッフがそのデジタルカメラを分解し、内部構造を分析するとともに、オリジナルのコンピューターに繋げて新たなアレンジを加えたカメラに組み替えて映像撮影をしていたのです。これこそがコッポラ監督、ルーカス監督の映像への探究心の凄まじさなのでしょう。

それに加えて、コッポラ監督の撮影スタイルにも驚かされました。監督だけが別室の中でモニターを見ながら、仔細にわたって指示を出していたのです。

通常、映画のフィルムカメラで撮影をする場合、監督はカメラ機材の脇に座って、カメラの近くで指示を出すのが一般的なスタイルです。ディレクターズ・チェアに座った監督が、

「ヨーイ、スタート！」

「カット！」

などのサインを出す、よくある光景ですが、コッポラ監督は違っていました。

ジョージ・ルーカス監督へのプレゼント

私がルーカスフィルム・スタジオとコンタクトを取った時、ルーカス監督は『スター・ウォーズ』の一作目の完成後でした。ルーカス監督は、南カリフォルニア大学の映画学科の学生時代からコッポラ監督のもとでアシスタントとして映画づくりに参加していました。挨拶を交わし、彼も熱狂的な黒澤ファンであることを聞きました。ルーカス監督が『スター・ウォーズ』や『インディ・ジョーンズ』などのシリーズ作で世界的な大ヒットを飛ばすことになるとは、この時点では思いもしませんでした。コッポラ監督は「私の弟のような存在」とルーカス監督のことをかわいがっていましたから、その才能を早くから見抜いていたのでしょう。

ジョージ・ルーカスは、学生時代からコッポラ監督と接点があり、ゾートロープ・スタジオ設立の際には副社長に就任している。ゾートロープ・スタジオの映像制作第一作となる『THX 1138』で初監督を務めたのもルーカスだ。尊敬する映画監督は黒澤明監督だと公言しており、第62回アカデミー賞で黒澤がアカデミー名誉賞を

受賞した際には、プレゼンターとしてスティーヴン・スピルバーグと共にオスカー像を贈っている。「自分の人生と作品にとてつもなく大きな影響を与えた」とルーカスは黒澤を称賛する。あの『スター・ウォーズ』にも『隠し砦の三悪人』からインスパイアされた場面や役どころが盛り込まれているのは、ルーカスファンならずともよく知られたエピソードである。

ルーカス監督も、早くから自身の映像制作会社「ルーカスフィルム」を立ち上げ、CGによる最新鋭の映像技術を他社に先駆けて研究・開発していました。『トイ・ストーリー』（監督・ジョン・ラセター　95年）などディズニーのアニメーション映画を手掛けるピクサー・アニメーション・スタジオは、ルーカスフィルムのコンピュータ・アニメーション部門が出発点です。ルーカスフィルムに関しても、黒澤監督は関心を示し、私に視察を依頼したのです。

黒澤監督がルーカス監督あてに書いた手紙を私は受け取りました。黒澤監督の手紙はいつも手書きで、短くとも自分の言葉で思いを伝えていました。ロサンゼルスに戻った私は、ルーカス監督のオフィスに黒澤監督からの依頼を伝えると、スタジオ見学は企業秘密であり一切断っているそうですが、「リスペクトする黒澤監督からの依頼であれば話は別」と快諾をしてくれたのです。

ルーカス監督は、自身の作品に黒澤作品のアイデアを数多く取り入れたことを公言していました。しかし、映画関係者の間では、これを「オリジナルでない」として批判する声も上がっていたのです。しかし、黒澤監督はルーカス監督への批判的な意見に対して、こう発言しました。

「我々は、常に先人たちのアイデアを真似しながらつくっている。自分の作品を慎重に勉強して新しい作品づくりに励むジョージ（・ルーカス監督）は素晴らしい」

その言葉に感激したルーカス監督にとって、黒澤監督への思いはもはや尊敬以上の崇拝になったことでしょう。快諾の返事を受けた私は、黒澤監督に連絡を取りました。すぐさま日本から黒澤久雄氏が渡米、私と二人でルーカスフィルムを訪問したのです。

ジョージ・ルーカス監督はすでに『スター・ウォーズ』の大ヒットで莫大な収益を上げており、ちょうど最新のレコーディングスタジオを建設したところでした。そのスタジオはドームのような形状をしており、外から見ると、まるで空中に浮いたカプセルのように見える近未来的な建造物でした。

「これはすごい！」

久雄氏と私は間近で見て感嘆の声を上げました。さらに驚かされたのは、レコーディングスタジオ内に入ると、外部の音が完璧に遮断されていたことです。スタジオの真上をジェット機が通過しても、エンジンの爆音がまったく聞こえないほどの防音システムで、そこには100席ほどの視聴スペースもありました。

スタジオ見学の案内人は、『スター・ウォーズ』にSFXカメラマンとして参加したリチャード・エドランド氏でした。彼は以前、日本に滞在中、『ウルトラマン』シリーズで有名な円谷プロダクションで特殊撮影技術を学んでいたそうです。その後、ルーカス監督の下で、『スター・ウォーズ』の特殊撮影担当カメラマンになり、いまに至ったということでした。

「スタジオをつくるのであれば、特殊撮影のためにもぜひプールをつくるべきですよ」

エドランド氏からアドバイスを受けたものの、黒澤スタジオの建設予定地であった神奈川県の敷地ではプールの設営が無理だったため、諦めました。

すると、ルーカス監督は私にこんな依頼をしてきました。

「Ｔａｋ、これは長年の夢なんだけど、どうしても黒澤監督のオリジナルの絵コンテが欲しいんだ。いくら払ってでもかまわない。手に入れてもらうことはできるだろうか？」

映画界の巨匠となっていたルーカス監督でしたが、依頼してきた時の表情は、まるでスーパースターに憧れる少年のように無邪気な顔をしていました。帰国後、黒澤監督に報告する際、ルーカス監督が絵コンテを欲しがっていることを伝えたのです。スタジオで見聞したことの報告に耳を傾けていた黒澤監督は、それを聞いて笑みを浮かべました。そして、僕の絵はそんなにいいものでなく撮影のための絵コンテだからと、はじめは断っていたのです。

その後も何年もの間にわたるルーカス監督とのやり取りの中で、定期的にルーカス監督から黒澤監督のオリジナルの絵が欲しいことを伝えられたものでした。それが97年、黒澤監督が亡くなる1年ほど前のある日、

「これをジョージに――」

手渡されたのは、『影武者』の数枚の絵コンテでした。

これはすごい！　ルーカス監督は大感激してくれるぞ！

私は現物を前にして大興奮しました。その感激の冷めないうちに、私は黒澤監督のメッセージと共に『影武者』の絵コンテをルーカス監督に届けました。彼からも喜びのメッセージがすぐに送られてきました。

その数年前のことですが、ルーカス監督と会う機会がありました。「ゴッドマザー」と言われたルーカス監督の敏腕マネジャーのシェーン・ベイさんから私に連絡があったのです。

「Ｔａｋ、久しぶり！　ジョージ・ルーカスからの伝言です。黒澤明監督がハリウッドに来られるという話があるそうですが、黒澤監督はサンフランシスコにはお越しにならないのでしょうか、ぜひ招待したい、とのことです」

黒澤明監督には、アカデミー賞授賞式のため、ロサンゼルスを訪れる予定がありました。

ルーカス監督サイドは事前に情報をキャッチしていたようです。

「確認してみます」

黒澤監督は、ルーカス監督からの招待を快諾しました。後日、黒澤監督、久雄氏、そして私とカメラマンが同行して、サンフランシスコ郊外に建設途中の「スカイウォーカーランチ」を訪れました。到着するや、ルーカス監督は物静かな笑顔で、黒澤監督を歓待しました。

「スカイウォーカーランチ」に招かれて

ルーカス監督が最初に黒澤監督を案内した場所は、スカイウォーカーランチの顔とも言われるメインの建物で、ルーカス監督のオフィス、ライブラリー、レストラン等も入ったイギリス・スタイルのステキな場所でした。そして次に、音響・音声制作のミキシング・スタジオでした。完成間近ではありましたが、まだ工事中でした。

どうしてここに連れてきたのだろう?……私は疑問に思い、部屋全体を見渡してみると、床はまだ生乾き状態でした。


Tak氏はこの時の模様を撮影した映像を持っている。本来、スカイウォーカーラ

ンチは部外者による撮影が禁じられている場所だったが、やはり黒澤明の来訪は特別扱いで、撮影も許諾された。その模様を以下に抜粋して再現する。

＊

車に乗った黒澤監督が到着したのは、瀟洒な建物だった。

「こんにちは。またお会いできて大変うれしいです！」

黒澤監督を招じ入れるルーカス監督たち。早速、黒澤監督をルーカス監督が場内を案内する。植物園のような温室、辺りは広大な敷地だ。

「母屋はあちら、もう一つはゲストのための建物です」

ルーカス監督が言う。

そして、室内へ移動。研究書が揃う書架へ。再びルーカス監督が話す。

「私はここで午前中に脚本を書いて、午後からランチ内で乗馬をして息抜きをするのです」

これに対し、黒澤監督も、こう返すのだ。

「いいね。僕もこういうところで脚本を書いてみたいよ」

黒澤監督とルーカス監督は、微笑みながら会話を続けている。プライベートビデオでの撮影のため、音声は聞き取りづらいが、終始うなずき合い、互いに「まさにそうです」「その通りです」と共通項を認め合う様子がうかがえる。

スカイウォーカーランチにて。黒澤監督とルーカス監督。

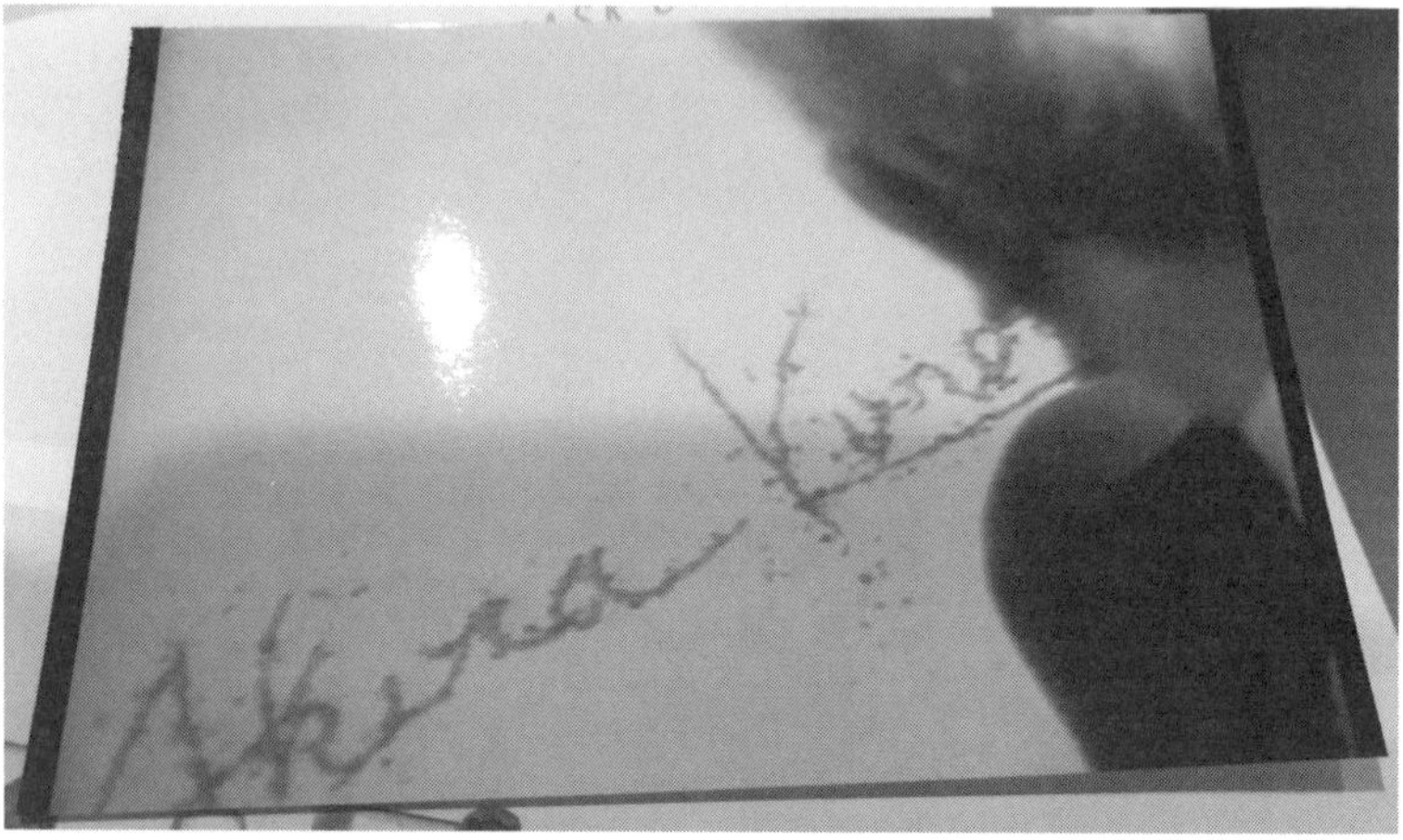

スカイウォーカーランチの床にサインを刻む黒澤監督。

次に訪れた場所での出来事が非常に興味深い。ここはまだ建設中のスタジオのようで、壁や床もコンクリートがむき出しになっている。

「靴を脱いでください」

そう促されて黒澤監督が中に入っていく。するとルーカス監督は、こう言うのだ。

「黒澤さん、ここにサインをしていただけますか？」

なんと、まだ生乾きのコンクリートの床へのサインを求めたのだ。しかし、黒澤監督はにこやかにサインをした。ルーカス監督は喜んで、

「この（サインの）上に誰も何もかぶせないで、絶対に！　ありがとうございます」

ルーカス監督は、この日、念願の黒澤監督から目の前でサインをもらえたことを、心底喜んでいた様子でした。

それから1年も経たずに、スカイウォーカーランチは無事に完成しました。

「Tak、ルーカスから、ぜひ、スカイウォーカーランチに正式に招待したいとの伝言です」

ルーカス監督のマネジャーのシェーン・ベイから私は再び連絡を受けたのです。

スカイウォーカーランチとは、ルーカスフィルム本社が入っているスタジオの総称

だ。カリフォルニア州に位置するが、詳細な住所は明かされておらず、内部関係者の名刺にも住所記載はなく、一説には私書箱の番号だけが記されていたという話もあった。『スター・ウォーズ』シリーズの収益を原資に購入した4700エーカー（約19平方キロメートル）の広大な敷地で、一般公開もされていない。「ランチ」とは牧場や農場を意味し、この広大な土地には馬が放牧されている。メインオフィス、テックビル、図書館、宿泊施設、消防署、厚生施設（カフェ、テニスコートなど）で構成され、ルーカスフィルム本社はメインオフィスにあった。

のちにルーカス監督から招待を受けた私は、今度は日本のテレビ局からの依頼で撮影隊を連れていくことになったのです。テレビ局側は以前から、スカイウォーカーランチの撮影許諾の申請をしていたそうですが、ずっとNGだったそうです。そんな事情を知っていた私は、今回は私的に招待されたものだが、もしかすると私と一緒ならばテレビ番組が取材できるかもしれないと考えて、ルーカス監督のオフィスに依頼してみたのです。

「日本のテレビ局の取材で、スカイウォーカーランチの撮影許可はいただけないものでしょうか？」

マネジャーのシェーン・ベイに相談をしてみたところ、条件付きではありますが、取材の許可が下りることになり、同行したテレビ番組は取材に成功したのです。ルーカス監督がここまで協力してくれるとは、予想外な出来事でした。

「Tak、君は約束を守ってくれたから、いつでもここに来ていいからね」

『影武者』の絵コンテのおかげで、私もルーカス監督とダイレクトに連絡を取れる仲にもなったのです。その後、私は家内と息子たちを連れて、スカイウォーカーランチを訪れる機会もありました。ちなみに、絵コンテはスカイウォーカーランチに収蔵され、宿泊施設にある「黒澤明の部屋」と名付けられた一室に飾られています。

オノ・ヨーコが暮らすダコタ・ハウスへ

オノ・ヨーコさんと初めて言葉を交わしたのは、ジョン・レノンが亡くなった後、彼女が息子・ショーン・レノンと住み続けたご自宅、ダコタ・ハウスでした。

Tak氏が代表を務めるクロサワ・エンタープライゼズUSAの仕事として、ハリウッド俳優をはじめとするアメリカのタレントを日本企業のCMに出演させるための交渉や現場のアテンドなどのコーディネートをしていることは、前述の通りだ。接点を持ち、その後もプライベートな関係を持つことになったアーティストの中には、あのオノ・ヨーコもいた。前衛芸術家であり、言わずと知れたビートルズのメンバー、

ジョン・レノンの妻だ。1971年、二人はニューヨークへ移り住み、アルバム『イマジン』を発表。75年10月9日、ジョン・レノンの誕生日に、二人の間の長男・ショーン・タロー・オノ・レノンが生まれた。だが、その5年後、ジョンは自宅のダコタ・ハウス前で射殺された。

ある日のこと、日本の資生堂から私の会社に、ジョンの息子・ショーン・レノンを若者向けの化粧品「ビューティフル・ボーイ」のＣＭに出演させるための交渉の依頼が入りました。ショーンはまだ17歳の少年でした。この依頼に私は、これも何かの縁なのかなと感じました。ビートルズの解散後、ジョンとヨーコさんが設立した個人会社「バグワン」関連の仕事をしていたことがあったからです。

バグワンのイベントがロサンゼルスのボナヴェンチャー・ホテルで行われるということで、仲介した電通を通じて、私がカメラ撮影の担当になったのです。当日は、ジョンとヨーコさんが現場に現れるかもしれないということで、お会いすることを楽しみしていましたが、姿は見せませんでした。ちょうど、ビートルズが解散したばかりで、ファンたちの間でヨーコさんへのイメージはあまりよろしくなかったこともあり、公の場に姿を見せるのは避けていたのだと思います。

ヨーコとジョンの出会いは66年11月、ヨーコの個展「未完成の絵画とオブジェ」の開催前日にジョンが訪れ、展示されていた「天井の絵」に関心を持ったことがきっかけだという。その後、二人は前衛的パフォーマンスを行うようになる。68年にアルバム『トゥー・ヴァージンズ』を発表、その翌年に結婚をする。しかし、ヨーコは「ビートルズを解散させた女」としてファンから非難の的になった。

ジョンとヨーコさんご夫妻には会えなかったものの、その後もバグワンとの仕事は増えていきました。73年、福島県の郡山で開催されたフェスティバルがあり、そこにはビートルズやジョン・レノンにあこがれる日本をリードする音楽家たち、ロック界の大御所の内田裕也さんをはじめとする多くのアーティストが集結していました。そして、メディアは「あのビートルズを解散させた、オノ・ヨーコが来日する」と報道し、話題になっていたのです。

この会場で衝撃的だったのは、出演したヨーコさんはセックスが愛の象徴だとするコンセプトを表現するために、ステージから自分のパンティをばら撒いたのでした。大胆なことをされる女性だな……当時のヨーコさんに私が持ったイメージです。

その翌年には、兄がミュージックビデオ制作のため、私はスチールカメマンとして撮影を担当することになりました。そういったいくつかの縁を経て、資生堂のショーンへのC

M出演のお手伝いに至るわけです。

ロサンゼルスからニューヨークへ移動した私は、資生堂の担当のクリエイティブ・ディレクターと二人で、初めてダコタ・ハウスを訪れました。ヨーコさんは2フロアに部屋を持っていて、私たちは下の階にあったヨーコさんのオフィスに招じ入れられました。受付を抜けると、通路の壁にはベージュカラーのキャビネットがしつらえられ、応接部屋に通じる入り口には、白くふわふわとした毛足のカーペットが敷かれていました。そこからは土足厳禁となっていて、どこか日本家屋の中に入ったような感覚で、靴を脱いで入室したのです。

その先には、ヨーコさんが背もたれのないソファに腰掛けていました。私たちは低い脚のガラス製テーブルを挟むようにして向かい合いました。間近で見たヨーコさんは、福島のフェスティバル会場やテレビで見る様子とはまったくの別人に見え、あの時のような大胆なイメージとは異なる雰囲気を醸し出していたのです。会話は日本語で、終始おっとりとして穏やかな口調でした。フェスティバル会場やそのほかでしゃべっている映像などで聞いた、やや高音で強い口調とはまったく逆のイメージでした。

まずは私から挨拶をし、かつてバグワンの仕事にたびたび携わったこと、ボナヴェンチャー・ホテルでの話、福島県のフェスティバル会場の撮影と、クロサワ・エンタープライゼズUSAの顧問弁護士とヨーコさんの担当弁護士が同じ弁護士協会であることなど、こ

ダコタ・ハウスにて（下写真も）。Tak 氏の家族とショーン（右）。

子供たちが遊んでいるのはヨーコ氏の作品。シャム猫のオブジェ。

れまでのご縁をお伝えしました。

「あら、そうなの」

ヨーコさんは笑みを浮かべていました。ＣＭ出演の契約に際して、お互いの担当弁護士が知り合い同士であるならトラブルの心配はないと安心されたのかもしれません。

この日の私のミッションは、ヨーコさんにショーンのＣＭ出演の許諾をいただくことでした。ヨーコさんとのビジネスはハードルが高いということを周囲からも聞いていたことがあり、恐らく通常のオファーではヨーコさんの心を動かすことはできない、と私は踏んでいました。そのため、今回のオファーに関して、ショーンへの出演交渉と合わせて、あるオプションを加えることにしたのです。会話があたたまってきたところで、私はこう切り出しました。

「ショーンくんが出演予定のＣＭには、ジョン・レノンさんの楽曲を流すご提案をしたいと思うのですが、いかがでしょうか？」

出演のギャランティだけでなく、楽曲の著作権使用による利益をもたらす条件もつけてお伝えしたのです。ジョンの楽曲を流す――これはエージェントや資生堂側からではなく、あくまで私の独自の判断でした。私にとってはある種、賭けでもあったのです。すると、ヨーコさんはこう答えました。

「そう、いいわね」

まずは第一関門クリアです。その後、撮影場所などの具体的なアイデアを話しました。当初、アフリカの大草原を背景とした撮影をクライアント側は考えていました。これに対して、ヨーコさんは、

「アフリカは困ります」

と即座にNGを出したのです。その理由を尋ねると、

「この時期は、ショーンに危険が及ぶから」

というものでした。当時、エイズ（AIDS：後天性免疫不全症候群）の流行が世界を恐怖に陥れていて、特にその発祥がアフリカとされていたのです。原因や治療法もわからない得体の知れない病気には、どのような予防接種を受けて防備をしても効果はないという情報も流れていました。ヨーコさんが少年のショーンを守るという意味でアフリカ行きを許可しなかったことは、母親として真っ当な意見でした。

とはいえ、このビジネスを成立させられなければ、依頼を受けたわが社の実績としては、大きなマイナスとなってしまいます。エイズがアフリカで流行の兆しがあることは把握していたため、私たちはアフリカ以外の選択肢として、また別のロケ地を用意していました。

「それではアフリカではなく、メキシコはいかがでしょうか？」

メキシコの湾岸の街・ベラクルスから南下した平野部にある大草原も、アフリカでの撮影イメージと似た場所であることから、代案としてあらかじめ用意していたのです。それ

をお伝えすると、ヨーコさんは、

「……それでしたら、安心ですね」

ヨーコさんの不安材料を払拭できたことで、条件面の詳細にもおおむね合意をいただき交渉は順調に進みました。会話の感触からしても、ヨーコさんは私を信頼していただけたように思えます。その流れの中で、ヨーコさんからある依頼がありました。

「ショーンはまだ17歳の未成年です。しかも、この日程で私は撮影には同行できません。Takさん、あなたが保護者としてショーンに同行してくださるかしら？」

突然の提案に私は驚きましたが、これはヨーコさんが私を信頼していただけた証でもある。気持ちを改めて感謝と共に応えました。

「承知しました」

ヨーコさんに安心感を与えるよう、私は即答しました。これによって交渉は無事に成立、私は資生堂サイドに、ヨーコさんからショーンのCM出演の許諾を得たことと、当初の予定にはなかったジョンの楽曲を同時にCM内で流す許諾をいただけたことを伝えました。難航することを視野に入れていた先方の担当者も感激してくれました。

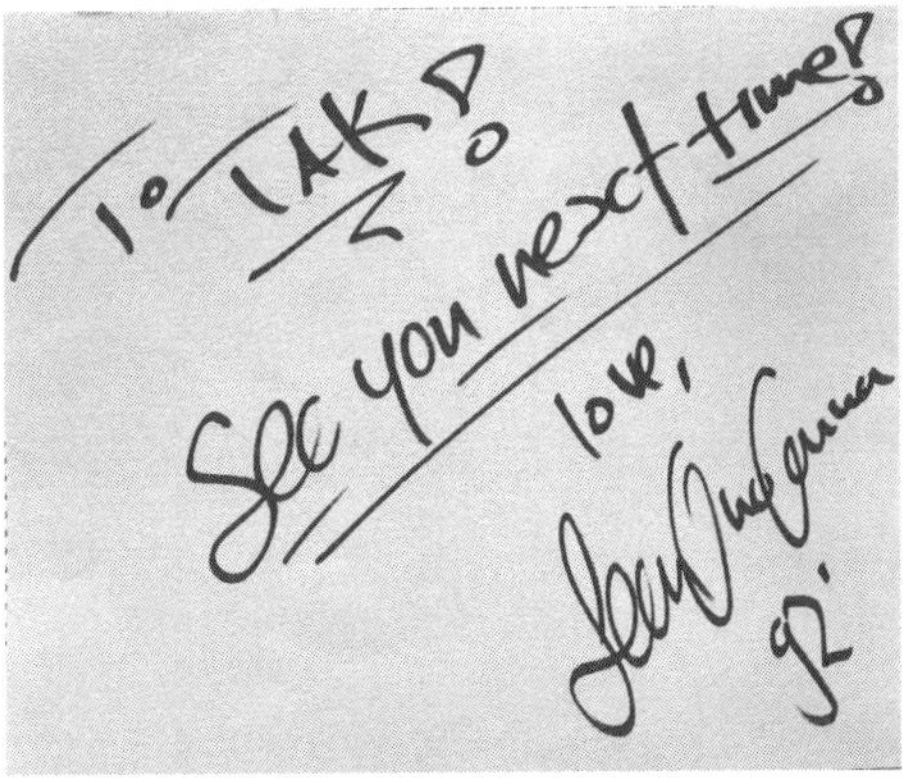

ショーン・レノンと。「タローちゃん」と呼ぶと微笑んでくれた。

ショーンが演奏した真夜中の『イマジン』

それからしばらくして、私はニューヨークのジョン・F・ケネディ空港からCMのロケ地となるメキシコへ、ショーンを連れて向かいました。ロケ地は大草原で、中心部からは遠く離れた場所です。ニューヨークからの飛行機はだいぶ遅れ、夜の12時近くにメキシコシティの空港到着後、トラコタルパンという田舎町へ。ホテルに到着したのは深夜を大幅に過ぎていました。

ニューヨークから長時間の移動で疲れきっていた私たちは、フロントでチェックインの手続きをしました。すると、隣にいたショーンが、ジョンから譲り受けたという黒いマントを羽織ったまま、ホテルのロビーの中央にあるピアノに向かって歩いていきました。

バーにはまだ数名の客が酒を飲み、会話を楽しんでいる中、ショーンは黒マントを羽織ったまま、ピアノと向き合って腰掛け、鍵盤に両手をのせると弾き始めたのです。曲が流れた途端、バーの客たちは一斉に会話をやめて、ピアノを弾くショーンの黒いマントの背中を見つめていました。

この曲は……イントロが始まった時、すでに私は気づきました。おそらく会話を止めたバーの客たちも同じ思いだったのでしょう。ショーンが弾いていたのはジョン・レノンの代表曲『イマジン』だったのです。ピアノから奏でられる優しい音色は、ラウンジを包み込むかのようでした。いまここで『イマジン』を弾いている少年が、まさかジョンの息子であるとは誰も気づかなかったでしょう。しかし、何者でもない少年の即興演奏でないことは伝わったことと思います。最後の旋律を弾き終えたショーンに、客たちは大きな拍手を送ったのです。

そこからベラクルス経由でひたすら走ること3時間の場所で、その翌日から資生堂「ビューティフル・ボーイ」のCM撮影が始まりました。約1週間の滞在期間中、私とショーンは実に様々な会話をしたものです。

「僕は日本のアニメーションにも興味を持っているんだ」

「幼いころ、父（ジョン）がディズニー作品のオリジナルを持っていて、当時35ミリのフィルム作品をニューヨークのダコタ・ハウスで一緒に見ていた」

そのほかにも家族で日本の避暑地・軽井沢で過ごし、雑木林の中にある隠れ家的な「離山房」に設置されていたハンモックで昼寝したことなど、彼が歩んできた人生と家族の話を仔細にわたって聞かせてくれたのです。ショーンの名前は正しくは「ショーン・タロー・オノ・レノン」で、日本名としての「オノ・タロー」という名前も持っていました。日本語もカタコトではありますが、話すことができました。私は彼のことは「ショーン」と呼んでいましたが、時に日本名で「タローちゃん」などと声をかけると、彼は微笑んでくれました。ジョンによく似た風貌は、両親ゆずりの芸術家としての美しい存在感にあふれていました。「ビューティフル・ボーイ」の名が彼ほど当てはまるキャラクターはないだろうと、このＣＭのコーディネートが正解だったと確信したものです。

メキシコでの撮影はとても順調に終わって、ＣＭの製作も完了し、無事に日本でオンエアされました。ジョンの息子が出演しているということに加え、ショーンの透明感ある魅力は日本のファンの心を掴み、資生堂サイドはＣＭの第２弾への出演を提案してきました。私は、再びコーディネーターとして声をかけられました。次の撮影地は彼の地元のニューヨークでしたので、ヨーコさんもきっと安心したことでしょう。ニューヨーク郊外の公園でショーンが自転車に乗り、新緑の中を駆け抜けるというものでした。

契約書を除いて窃盗の被害に……

この時、お恥ずかしい話ですが、アメリカ在住での生活もすっかり長くなっていた私が、初めてアメリカで犯罪に巻き込まれる事件が起きました。ＣＭのクリエイティブ・ディレクターと一緒に、ヨーコさんから出演等に関する契約書にサインをもらうべく、ダコタ・ハウスを訪れることになり、待ち合わせ場所のセントラルパーク沿いにあったホテルのロビーで、時間調整のため待機をしていたのです。ドア付近にはセキュリティスタッフが目を光らせていました。

私のブリーフケースから取り出した契約書をテーブルに広げて、クリエイティブ・ディレクターと最終的な確認をして、ヨーコさんに「これからオフィスに向かいます」と電話連絡するために席を立った後、ソファーに座っていた見知らぬ外国人男性から、クリエイティブ・ディレクターは急に声を掛けられました。そして彼は、床に散らばっていたドル札を束ねたものを指差しながらこう言いました。

「これは、おまえのものじゃないのか？」

どこかで落としたのかな……クリエイティブ・ディレクターはふと考えたものの、お金をむき出しにして持ち歩いていた覚えはありません。よくわからないまま、その外国人男性と対応している間に、どうやら別の外国人男性の仲間が私のブリーフケースを盗んで立ち去っていたのでした。私はロビーの横にあるスペースで電話中のため、犯行の一部始終にはまったく気づかなかったのです。

あとになってわかったのですが、ちょうどその時、ホテルのセキュリティスタッフの目の前で、私への窃盗行為のタイミングに、男女のカップルを装った犯人グループが化粧ポーチをわざとロビーにばら撒いていたのです。セキュリティスタッフの目線は、そのカップルのほうに行っていたため、私のテーブルで起こった窃盗は見落とされてしまったのです。

私は、クレジットカード、現金、免許証を盗まれました。一部始終をヨーコさんに伝え、約束時間に大幅に遅れてダコタ・ハウスを訪問することになってしまった非礼を詫びました。私は顔面蒼白、ガックリとうなだれていたことでしょう。すると、ヨーコさんは私を迎えるなり、

「Ｔａｋ、Ｗｅｌｃｏｍｅ ｔｏ ＮｅｗＹｏｒｋ！　ニューヨークでは日常茶飯事よ！」

ヨーコさんはニコッと微笑み、ジョークを交えてあたたかく迎えてくれたのです。

アメリカ在住でありながらのこの不甲斐なさに、とても恥ずかしい思いをしましたが、一番重要だった資生堂の契約書が盗まれなかったことだけは、不幸中の幸いでした。ヨーコさんとの契約はどうにか無事に済ませることはできたのです。

すぐにマンハッタン警察署に被害届を提出したのですが、その後、しばらくしてからクレジットカードはすぐに犯人側によって使用されており、当日のうちにクレジットカード会社のアメックスから問い合わせの電話連絡が入りました。

「ニューヨークで自転車、家具など８０００ドルが使われていますが、心当たりはございますか？」

窃盗事件に遭い、警察に被害届を出していたことをカード会社も把握していたため、使われてしまった料金の請求はありませんでした。もちろん、ホテル側のセキュリティを責めるわけにもいきません。ただ、ホテル側はホテル内で起こってしまったことへの責任を

感じてか、宿泊予定のツインルームをスイートルームに変更する気遣いをしてくれたのでした。

アメリカ在住の私が窃盗に遭ったなんて、黒澤監督や高倉健さんにはさすがに恥ずかしくて、伝えることができませんでした。

ジョン・レノンは「新曲」を隠していた

ショーンとの仕事以降、ヨーコさんからダコタ・ハウスにご招待いただく機会や、外食をご一緒することもありました。訪れるたびに、ヨーコさんのご自宅の調度品の個性的な面白さというか、貴重な品々がそっと置かれていることに驚かされます。

生活圏として使っている部屋の玄関口には、天狗の面がこちらを向き、まるで来客を出迎えるように見えます。日本のテイストをジョンも好んでいたのでしょう、日本の江戸時代の幟《のぼり》も飾られていました。お二人は「ラブ&ピース」を掲げた平和活動家でもあり、独特な自己表現などにも挑んでいたことは誰もが知るところと思います。この部屋にも、裸でベッドインしているスケッチの絵が、暖炉の上に額装されていました。濃密なお二人の愛情が詰まっていることがひしひしと伝わってきたものです。

ショーンはヨーコさんの隣に連立するジョンが仕事場にしていたユニットを相続し、ガールフレンドと住んでいました。そこはダコタ・ハウスのペントハウス（最上階）の南東の一角で、いくつもの部屋がありました。

リビングルームは楽器のセッションができるほどの広さがあり、ジョンが使用していたギターやドラムセットが置かれ、マイケル・ジャクソンやポール・マッカトニーから贈られたというミキシング・キーボードもありました。

「これは、マイケルからもらったんだ」

一緒にいたショーンは、さらりと話していました。

キッチンコーナーには、私にとっても非常になじみの深いものがありました。新潟県の名物「笹団子」があったのです。

「この笹団子、私の故郷、新潟の特産品ですよ。これ、好きなの？」

ショーンに聞くと、彼はニコッと笑ってこう返してくれました。

「マイ・フェイバリット（僕のお気に入り）」

ショーンのリビングには、驚きの逸品が置かれていました。ヨーコさんとジョンが蒐集してきた日本の春画が一枚一枚、フレームに入って壁一面をぐるりと周回するように飾られていたのです。そこにはピカソのリトグラフも並べられていました。

これ、本物なんだな……ちょっとした美術館の館蔵品以上の名画を個人収集していることにも驚かされたのと同時に、この時、たまたま家内と息子たちを連れていたので、刺激が強すぎなかったかなと気になりました。息子たちはショーンが遊んでくれていて、一緒に春画を眺めたわけではなかったのですが、とにかく別世界の空間という感覚でした。

そんなジョンとの生活空間で、ヨーコさんはジョンの曲づくりを手伝っていたそうです。ジョンの非常に個性的な音楽志向に驚かされました。例えば、ダコタ・ハウスの窓から集音マイクを出して、路上に向けるのだそうです。車の音や人が話しながら歩く音など雑踏の様々なノイズを拾って録音して、それを逆回しにしたり、早回しにしてアレンジした音源を楽曲に使用したこともあったといいます。

また、ジョンは、自分の曲を盗まれたくはないという意識が強くありました。ジョン・レノンがつくった曲、さらにはビートルズの曲が、たびたび他のアーティストによって盗作されてしまうことがあったそうで注意深くなっていたのです。

ジョンがつくった楽曲が外部に漏れてしまうことがないように、ジョンは厳重なセキュリティを敷きました。また、万が一、漏洩してしまった場合にも、それが新たな楽曲であることがわからないような対策を取っていたそうです。その一例を聞いて私は驚きました。当時の録音はテープが主流だったそうです。まず、モーツァルト、バッハ、ベートーベンなどクラシックなどの曲を編集したテープをつくり、その曲の合間にジョンがつくった楽曲を入れて隠蔽するという方法でした。再生しても、最初の何曲かが連続してクラシックが流れれば、その先にまさかジョンの新曲が入っているとは盗んだ者も気づかないだろう、と考えたのだといいます。
世間では、ジョンの楽曲の著作権管理によってヨーコさんは億万長者になり、イギリスのエリザベス女王より富を築いたともあしざまに言う人たちはいましたけれど、ヨーコさんが求めたのは蓄財などではまったくなく、ひとえにジョンの楽曲を第三者の悪意から守りたい、ファンに向けて正しく届けたいという思いがあってのことでした。私は、ヨーコさんの姿勢に敬服しました。そんなヨーコさんだったからこそ、ジョンも最大の愛情を向けていたのだと思います。

奇遇にも、本稿執筆の途中である2023年11月2日、ビートルズの「新曲」がリリースされた。『ナウ・アンド・ゼン』と題されたこの楽曲は、ジョン・レノンが残した音源からAI（人工知能）が歌声だけを引き出す音源分離処理を行い、すでに亡くなっているジョージ・ハリスンの演奏部分をも引き出し、そこへポール・マッカートニーとリンゴ・スターが生の演奏と歌を重ねることで4人によるセッションを実現させたものだ。実はこの音源も、オノ・ヨーコからポールに手渡されたものだった。ジョンが凶弾に倒れた1980年、そのすぐあとに託されたカセットテープ。Tak氏が訪れた時、ダコタ・ハウスにはジョンとヨーコの思いの詰まった品々が大量に残されていたという。その中には、テープ編集のトリックなどで隠された第2、第3の

「新曲」の種になるものもあったのだろうか。新型コロナウイルスのパンデミック後、ヨーコはダコタ・ハウスを出て、ニューヨーク州北部・アップステートの豊かな自然の中で静かに暮らしているという。

ヨーコさんにはダコタ・ハウスにお招きいただき、家族ぐるみのお付き合いをさせていただくなど、本当によくしていただきました。そのお礼として私が個人としてできることはあまりありません。贈り物をするにも相手は世界的な表現者であり、ヘタなものなど渡せばかえって失礼になります。そのため、私にできたことは、クロサワ・エンタープライゼズUSAとして参加した、日本の芸術・文化をアメリカ国内に紹介するジャパン・ソサエティで開催された黒澤作品『夢』(90年)の上映会に、ヨーコさんとショーンを招待することぐらいでした。『夢』は日米合作映画であり、スティーヴン・スピルバーグ監督の協力でワーナー・ブラザーズによって世界配給された作品です。

ヨーコさんとショーンは二人揃って、ニューヨークの上映会場に出席してくれました。ヨーコさんはとても義理がたい女性なのです。上映終了後、お二人は映画の感想を私に話し、とても喜んでいただけた様子でした。ヨーコさんは現在(2023年12月時点)、90歳になられます。最後にヨーコさんとお会いしたのは25年程前のことになりますが、ウエスト・ハリウッドにあるナイトクラブ「ウィスキー・ア・ゴーゴー」でのヨーコさんとショーンのライブでした。その翌日も滞在先のビバリーヒルズ・ホテル（イーグルスの『ホテル・カリフォルニア』のモデルとなった）でお茶を飲みながら雑談をしたのも、楽しい思い出です。２０１７年には、ＮＭＰＡ（全米音楽出版社協会）主催の授賞式で、ショーンと共に車いすで参加されていたのを見ました。お元気でいてほしいものです。

メビウスと『ナウシカ』と宮崎駿監督と

フランスの漫画家・メビウスと私は、プライベートでも長いお付き合いをさせていただいていました。２０１２年3月10日の訃報を聞いた時は、私も深い悲しみに暮れて残念でなりませんでした。途中まで進んでいた黒澤監督とのコラボレーション映像が実現できていれば、どんなにかうれしかったことか……。

メビウスことジャン・アンリ・ガストン・ジローは、フランスを代表する芸術家・漫画家である。ベルギーやフランスを中心とした地域の漫画『バンド・デシネ』で知られ、映画に関しても、『トロン』（監督・スティーブン・リズバーガー　82年）、『エイリアン』（監督・リドリー・スコット　79年）、『フィフス・エレメント』（監督・リュック・ベッソン　97年）など、さまざまなSF作品にキャラクターコンセプトやデ

メビウスが描いた黒澤監督。甲冑姿の武将、手にはカメラを。

ザインで協力をしている。メビウスの影響を受けた日本のクリエイターは多い。例えば、『AKIRA』で知られる漫画家・映画監督・イラストレーターの大友克洋氏だ。メビウス自身も大友氏の筆致を研究するなど早くから注目をしていたという。

さらに、押しも押されもせぬ日本のアニメーション監督の雄・宮﨑駿《はやお》氏もその一人だ。『風の谷のナウシカ』（84年）はメビウスの影響下で制作されたといわれ、2004年にはパリ造幣局美術館でメビウスと宮﨑氏との共同展示会「MIYAZAKI／MOEBIUS」が開催された。メビウスもまた宮﨑アニメの大ファンだった。

94年か95年だと思いますが、私のオフィスにメビウスから一本の電話がありました。

「Tak、相談があるのだけれど、ちょっと時間をつくってほしい」

「もちろんです、ジャン。あなたのためならいくらでも時間をつくります」

電話のメビウスの声から、いつもと違うニュアンスを感じたのです。

その数日後、私のオフィスに現れた彼は、自身の作品の絵コンテを持参していました。

「やあ、ジャン。元気でしたか？」

「Tak、忙しいところ、貴重な時間をつくってくれてありがとう」

メビウスは自身の次のアニメ作品に向けて説明をし始めたのです。その作品は、人工の惑星を舞台にしたもので、彼の漫画シリーズの『アルザック』をベースにしたものでした。

第5章

世界の天才表現者からの刺激

ジブリ美術館にて宮崎駿氏、メビウスと。絵コンテを見せる。

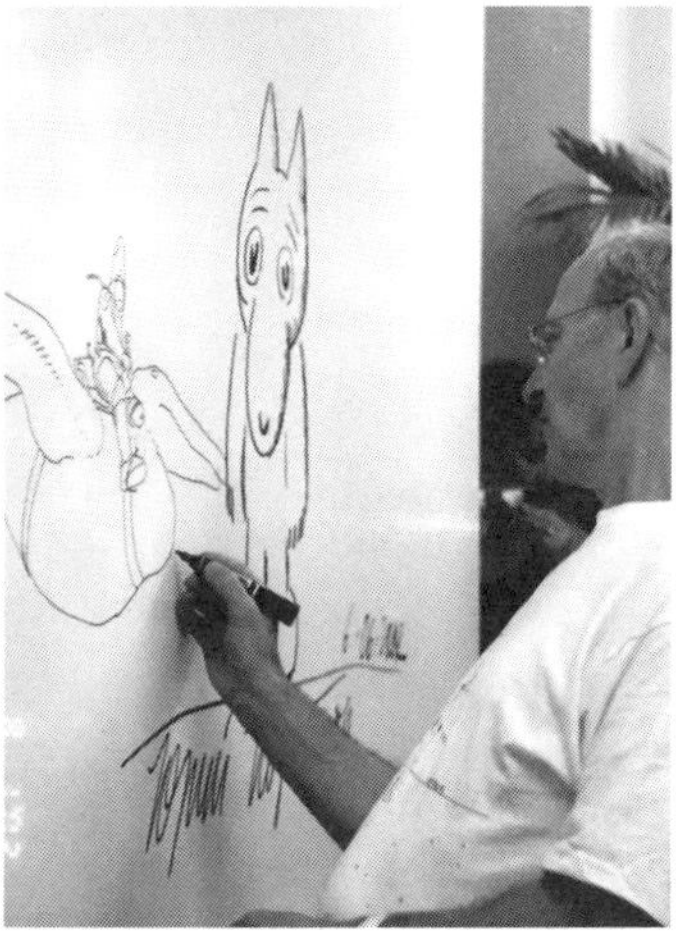

ジブリ美術館の壁にサインと絵を描くメビウス氏。

メビウスは持参した数枚の絵コンテをテーブルの上に並べて見せてくれました。その絵コンテを見ていた時、ふと、メビウスのことを大絶賛していた『スター・ウォーズ』のジョージ・ルーカス監督の言葉を思い出したのです。

「宇宙の奇怪な生物を描かせたら、我々、人間界では想像できないものを描く才能者であり、右に出るものはいない」

『エイリアン』のイメージを描いたのは、メビウスでした。メビウスは絵コンテを見せながら熱く説明をしました。

「アニメ作品だが、最後の10分間を実写化したい。その部分を黒澤明監督にお願いできないだろうか」

ストーリーの主人公・アルザックは、日本の漫画『ドラえもん』のように、どこの空間へも行き来ができるという設定でした。実写版の俳優について、メビウスは「ショーン・コネリーか高倉健がいい」と頭に浮かんでいたようです。

「日本へ戻って、黒澤監督に確認をしてみます。実現するといいですね！」

私はメビウスにこう言って、すぐさま日本へ飛び、黒澤邸を訪れました。

「お父さん、今回、フランスのアーティスト・メビウスから相談を受けました。こちらが絵コンテです」

ロサンゼルスのオフィスでメビウスから受けた説明を、そのまま監督にお伝えしました。

黒澤監督は黙って、しばらくの間、200ページにも及ぶ絵コンテを見ていました。そして、口を開きました。

「僕の絵はこんなに細かくないからね……。アニメーションに詳しくはないし、これは宮﨑駿さんのところへ相談したほうがいい」

私は早速、日本のアニメ制作会社『スタジオ・ジブリ』の鈴木敏夫プロデューサーに連絡を取りました。鈴木氏はこう言いました。

「現在、宮﨑は作品の執筆でこもっています。直接、会いにいかれてはいかがでしょうか」

私はメビウスから託された絵コンテを持参して、宮﨑監督とお会いしたのです。宮﨑監督は多忙な中、丁寧な対応をしていただけました。そして、こう言ったのです。

「良い作品だと思います。しかし、私はいま時間が取れない状況です。この作品を手掛けることができるのは、大友克洋くんしかいません。彼のところへ行ってみてください」

そして私は大友克洋氏と会って、これまでの経緯を話したところ、「前向きに検討させてください」という返事でした。結論から言いますと、大友氏による作品化は成立しませんでした。その顚末に関しては、この場で明かすことはできないので、申し訳ないのですがこの話はここまでとなります。

ただ、宮﨑監督につながったご縁が、その後、メビウスと宮﨑監督を引き合わせる機会に結実したことは、大きな収穫だったと思います。2002年8月、私は来日したメビウスと私の家族を連れて、東京・三鷹市の「三鷹の森ジブリ美術館」を訪ねました。その日、ジブリ美術館は、メビウスのために他の客の入場を一時的に止めたのでした。

すごいな、メビウスのために貸し切りにするなんて……宮崎監督の歓迎ぶりが伝わってきました。互いの活動を意識してはいたものの、このような形で直接の顔合わせとなるのは、お二人も初めてのことでした。互いの絵コンテを出して見比べながら、終始、二人の会話は弾んでいました。宮崎監督の求めに応じたメビウスは、ジブリ美術館の壁にサインをすることになりました。

「このミュージアムでは、(メビウスがサインと絵を描いてくれた)この壁が、一番価値があるね」

宮崎監督はジョークで場を和ませました。一方のメビウスも『風の谷のナウシカ』(84年)が最も好きな宮崎作品であることを伝えて、

「娘の名前は『ナウシカ』と名付けました」

と返し、宮崎監督もとても喜んでいました。

この時以来、メビウスと宮崎監督は関係を濃くしていき、2004年の共同展示会「MIYAZAKI/MOEBIUS」の開催に至るのです。

様々な偉才とのご縁をいただけたこと、そして、偉才同士のご縁をつなぐことができたこと、これは何物にも代えられない私の財産なのです。

第6章

冒険と挑戦の旅の途中で…

叔父は「山下財宝」を求めて消息を絶った

Ｔａｋ氏は、２０２３年１月で古希を迎えた。若いころと変わらないスリムでしなやかな体軀は、年齢を感じさせないエネルギーにあふれている。後述するが、現在、自身のプロデュースによる映画制作を進めている。映画への憧憬、そして人間への興味は尽きることなく彼氏を動かしているのだ。その半生は、常に「挑戦」であり「冒険」であったとＴａｋ氏は回想する。

そうですね。影響を受けたのは、やはり高倉さんからかもしれません。高倉さんとの会話の中では、必ず「冒険」「挑戦」という言葉が出てきたものです。私も当時の高倉さんの年齢となる70歳を迎えましたけれど、高倉さんは年を重ねても、仕事にも遊びにも意欲的で、いつも楽しそうに話していましたね。

お互いの好きな映画を語り合っていた時のことでした。

「俺は『冒険者たち』（監督・ロベール・アンリコ　主演・アラン・ドロン　１９６７年）が好きだな。あの映画は、俺の冒険心を搔き立てるものがあった。俺もチャンスがあればなあ……」

高倉さんは目を輝かせて語っていたものでした。

『冒険者たち』へのオマージュとなる作品に、高倉は出演する。『無宿《やどなし》』（監督・斉藤耕一　74年）だ。本作は高倉と勝新太郎の映画初にして唯一の共演作となった。男2人、女1人の設定は同じ、『冒険者たち』は三角関係の3人組が宝探しの冒険に向かうというものだ。『無宿』は刑務所で知り合った男2人が足抜けした遊女とともに海に沈んだ大金を探す旅に出る、というロードムービーだった。

高倉さんの出演作には、過酷な撮影現場となることが多く、役者としての仕事自体、冒険の連続だったようにも映ります。

高倉さんは旅が好きでした。

「人生は旅のようだ」

そんな言葉を口癖のように言っていたものです。冒険であり、旅でもあったのでしょう。しかも、旅の準備にはとてもこだわるタイプでしたから、行き当たりばったりという旅は好みではなかったかもしれません。それこそ野宿になってもいいように、旅の用意は常にしていましたから。

高倉さんの冒険好きは、ふだんよく買い求めるものにも、その傾向が表れていました。

ロサンゼルス滞在中に必ず訪れるのは、アウトドアショップでした。めずらしいキャンプ道具を探すのが好きで、ナイフ、寝袋は必需品でした。過酷な状況下でも使用できる商品を一緒に探し歩きました。それこそ『八甲田山』の時のような現場で機能する道具などを買い込んできたりするものですから、今度の現場は、どこに冒険しに行くだろう……と思ったものです。

ショッピングのあとは私のオフィスに戻り、ソファーに向かい合って二人でくつろいでいた時のことです。先ほど訪れたアウトドアショップの話から「冒険」についての話が弾みました。そこで私は、もしかしたら高倉さんは関心があるかもしれないと思って、数奇な人生を送った私の叔父の存在を明かしてみたのです。

「高倉さん、実は私の叔父は宝探しを夢見ていて、そのまま消息を絶ってしまったんですよ」

「なんだって!?　宝探しとは、おもしろい趣向の叔父さんだな？　もう少し聞かせてくれないか」

高倉さんはソファーから起き上がり、身を乗り出して私の話に聞き入る姿勢になりました。

Ｔａｋ氏の叔父・新倉雅美は、アニメーション監督であり、演出家、プロデューサ

ーとしても作品制作に携わった人物だ。新倉はペンネームで、本名は渡辺清といった。37年、新潟県で生まれ、中学卒業後に上京。都内のタレント養成所に入所して俳優を目指すが断念、アニメーション制作の世界へ転向した。コマーシャルプロダクション「動画プロ」を経て「東京ムービー」（現トムス・エンタテインメント）に入社し、その後、「日本放送映画」に移籍、同社のアニメ部門「日放映動画スタジオ」として独立する。日本放送映画の解散後には「東京テレビ動画」を設立。同社解散後「日本テレビ動画」を立ち上げ社長に就任する。それまでに参加した作品には『ビッグX』（TBS系）、『戦え！オスパー』（日本テレビ系）、『天才バカボン』（同）、『タやけ番長』（同）、『ドラえもん』（同）など多岐にわたる。少年向けの作品だけでなく、漫画家の谷岡ヤスジを起用した『ヤスジのポルノラマ やっちまえ!!』（日本ヘラルド映画）などの異色作もあった。

いわばアニメ界のプロデューサーとして草分け的な存在だったが、その動向はなかなか破天荒だ。地元・新潟県にアニメーション制作会社を設立し、漁師の妻たちに作画を担当させたこともあったという。Tak氏が子供のころ、地元ではまず見ることのない高級外車・ロールスロイスに乗った叔父が現れ、一族みなを驚かせたそうだ。羽振りもよく、人脈も広く、自身の結婚式には俳優・三船敏郎を賓客として招いた。しかしアニメ『ドラえもん』の制作中、突如として失踪する。その後の足取りとして

報道されたのは、新倉氏がフィリピン・マニラに移住してのち、86年に何らかの犯罪に絡んで現行犯逮捕された時だ。逮捕以来、新倉氏の消息は身内のTak氏でも把握できていない。

叔父の動向ですが、フィリピンに渡った背景には、自身の後半生を漫画家・手塚治虫さんとタッグを組んだアニメーション制作にささげようとして、そのための拠点づくりがあったようです。しかし、同行したスタッフが不慮の事故で亡くなったため、作品は実現しなかったという話でした。

ただ、渡航の理由はそれだけではなかったのです。当時のフィリピンでは、第二次世界大戦の謎の一つと言われる「山下財宝」が眠っているという話がまことしやかに語られていたのです。その話に執心してしまった叔父は、それまで抱えていたアニメーションの仕事を投げ捨てて、宝探しに旅立ったというのが親族として聞いている本音の部分ですね。

山下財宝とは、フィリピンに展開した旧日本陸軍の現地司令官・山下奉文《ともゆき》大将が戦時中に隠したとされる莫大な埋蔵金のことで、半ば都市伝説のごとく語られているが、その真相は杳《よう》として知れない。この財宝の所在については、日本だけでなく海外からも関心が集まり、アメリカではドキュメンタリー『山下将軍の消えた財宝』（ヒスト

リーチャンネル　２０１９年）が製作され、調査隊を編成して現地に向かわせ、住民たちへの聞き込みから、最新テクノロジーを駆使する探索の一部始終に密着した映像も作つくられた。

フィリピン海域に眠る埋蔵金のありかを聞きつけた叔父の波瀾万丈な人生を、高倉さんに伝えたのです。

「すごい冒険者だ。夢があるなあ！」

高倉さんは感嘆の言葉とともに、しきりと頷いていました。うちの叔父と映画『冒険者たち』を重ねていたのでしょうか。

高倉さんは冒険、そして旅を愛していました。国内外を問わず、ふらりと物見遊山ではない旅を求めていたのです。人気俳優の宿命ですが、顔がすぐにわかってしまう日本国内では、なかなかそれを実現することは難しかったことでしょう。冒険的な旅をしたい、そんな夢を語っていたことを思い出します。

「マールボロのCMのカウボーイのように、アメリカの果てしない荒野を旅したいんだよ」

アメリカのたばこ産業大手・フィリップ・モリス社のロングセラー商品だった

『Marlboro（マールボロ）』。1978～81年にかけて、馬に跨《またが》ったカウボーイがたばこを一服する「マールボロ・マン」をウェイン・マクラーレンが演じたCMに、世界中の愛煙家が憧れた。荒野に生きるタフな男という世界観に、高倉は惹かれたのだろう。世界的な禁煙推奨の流れから、2021年、マールボロは英国での販売をこの先10年間で停止すると発表した。フィリップ・モリス社自体もたばこ産業からの脱却を目指している。

高倉さんには、マールボロ・マンのような男を演じながら、自身がプロデューサーとしても撮影チームを引き連れて、荒野をめぐり、ロケハンをしながら撮影の旅を続けていく――そんな夢が実現できたらという思いがあったのです。将来の映画づくりへの一つのステップとして、そういうことがやりたかったのだと思います。

「高倉プロモーションでも、ゆくゆくは映画プロデュースをしていきたい」とも言っていましたから。その時点では、高倉さん自身で監督をしたいとまでは明言してはいませんでした。映画とは総合芸術であり、監督はその中心となる存在だけれど、決して映画のすべてではないのです。高倉さんには100歳になっても映画の世界で冒険的な挑戦を重ねていってほしいと思っていたのですけれどね……。

高倉健と夏目雅子のハリウッド共演

高倉さんは新たなジャンルの役柄を演じることについて、非常に意欲的でした。任侠映画で大人気を博して以後、ヤクザ役のイメージが定着してしまうことを心配して、積極的に様々な役どころに挑戦していったことを思い出します。

ハリウッドからも高倉さんへの熱視線は向けられていました。その最大の結実は『ブラック・レイン』（監督・リドリー・スコット　出演・マイケル・ダグラス、松田優作ほか　1989年）でしょう。

マイケル・ダグラスは『ブラック・レイン』撮影時の高倉のたたずまいをこう評している。

「健には、その場に自然に存在するという能力があった。そんなマジックで観客を惹きつける、映画俳優のお手本のようだ」

共演するまで「高倉のことは知らなかった」とマイケル・ダグラスは言っていた。それがここまで絶賛するに至るとは、高倉と至近距離で触れた者はみな、その魅力に引き込まれてしまうのかもしれない。もちろん、Ｔａｋ氏もその一人だ。

マイケル・ダグラスのその言葉は、高倉さんのドキュメンタリー『健さん』（監督・日比遊一　2016年）でのインタビューのものですね。この映画には、私も家内と共に出演させていただきました。マーティン・スコセッシ監督、ヤン・デ・ボン監督、ジョン・ウー監督らも、それぞれの高倉さん像を語っていますが、それくらいハリウッドの高倉さん支持者は多かったのです。

サーガン・タミミ監督も、高倉健さんに注目していた一人です。彼は東映時代の任侠映画にはじまり、東映独立後の高倉さんの俳優としての生き様に強い関心を持っていたのです。

1983年のある日、クロサワ・エンタープライゼズUSAのオフィスにタミミ監督から連絡が入りました。高倉さんに言われた通り、私は「影武者」に徹していたのですが、高倉さんのプライベートマネジャーをしていることの情報をどこかで得たのでしょう。

「ケン・タカクラ主演で日本の〝鷹匠《たかじょう》〟をテーマにした映画をつくりたい」

出演のオファーと共に、準備稿段階のシナリオまで用意していたのです。シナリオの表紙には「鷹」の金文字が箔押《はくお》しされていました。その手の込み方からも、タミミ監督の熱量が推し量れます。

高倉さんあてにいただいたプロットは、まず私が先に読んでから高倉さんに梗概を伝えることにしていました。この時にタミミ監督から預かったシナリオの舞台は、第二次世界大戦末期でした。アメリカの偵察機が九州から東北へ向かう途中、機体のトラブルが起こり、秋田の山中に墜落してしまいます。パイロットはこの事故で死亡するのですが、同乗していたもう一人の若いアメリカ兵は、秋田の鷹匠の親子に助けられます。日本軍に発見されれば米兵は処刑されてしまうので、鷹匠は自分の家で娘と共にケガの手当てをして命を助けるのです。ラストシーンは、アメリカ兵を船で逃して終わるというものでした。

「面白い物語だと思います。鷹匠の娘役はキーパーソンになると思いますが、誰をキャスティングすることを考えていますか？」

一読後、私はタミミ監督に尋ねました。彼は間髪容れずにこう答えたのです。

「マサコ・ナツメだ」

女優・夏目雅子さんか。いいキャスティングだ——私の中でもタミミ監督の想定する場面が映像となって浮かびました。鷹匠役に高倉健、そして娘役は夏目雅子、スクリーンに登場する二人を想像するだけでも鳥肌が立ったものです。

当時の夏目さんは、映画はもちろん、CM、ドラマなどで活躍する大人気の女優でした。間違いなく面白い作品になるだろうし、クロサワ・エンタープライゼズUSAも制作に関係することになれば、黒澤監督と高倉さんを間接的にでも映画の場で結びつけることができます。こんな好機はないと思った私は、このオファーを高倉さんのところに持ち込んだのです。

「高倉さん、ハリウッドからのオファーが来ています！」

日本にいる高倉さんに電話を入れ、遠方から得た情報を伝えました。

「おお、Ｔａｋ、元気だったか？　映画出演のオファー？　どんな内容だ？」

電話の向こうでは、明るい声が伝わってきました。

「鷹匠と戦争の物語です」

私の声に、

「ほう、鷹匠か……」

奇《く》しくも高倉さんは、そのころ、日本のドキュメンタリーで秋田県在住の「日本の最後の鷹匠」にフォーカスした番組を見ていたそうで、鷹匠の仕事について関心を持っていたところだというのです。

私は、そのオファーを高倉さんに伝えました。すでにシナリオの準備稿があり、それを届けるために帰国しました。

受けてくれるといいのだけれど……。

高倉さんの可否はもちろんのこと、当時の夏目雅子さんは日本の映画の撮影中で多忙を極めているとの情報を得ていたので、かなり厳しい条件であることは理解していました。

ただ、私の中では高倉さんと夏目さんの親子役が見たいという思いのほうが優っていたのです。

ロサンゼルスに戻ってしばらくしてから、高倉さんから映画作品『鷹匠』についての返答がきました。

「Ｔａｋ、シナリオを読ませてもらったよ。とても面白いんだけど、これは自分よりも三船敏郎さんが合うかもしれないね……」

お断りの電話ではなかったのですが、私はあきらめきれず、

「監督は高倉さんにぜひと言われています」

と言い返しそうになりました。私がシナリオの準備稿から受けたのは、三船さんは年齢的にもストーリーの設定では厳しいのではないかという印象でした。当時の高倉さんは60代、三船さんは70代でした。しかし、ふと思い返したのです。これは高倉さんと近しくなってからずっと心がけていることなのですが、オファーのあった映画の作品イメージを私が高倉さんに対して事細かに伝えることは避けることにしていました。あくまでも梗概にとどめ、私の主観を高倉さんに伝えてはならないと思っていたのです。高倉さんや様々な名監督たちのような表現者の立場からは、一歩引いて物事をそのまま伝える義務がある――そう思い返して、口元まで出た言葉をとどめて、こう返しました。

「そうですか……。承知いたしました。そう伝えます」

私は電話を切りました。

間もなくてして、夏目雅子さんが体調を崩し、入院生活を余儀なくされました。それから2年後、急性骨髄性白血病で亡くなられたことを知りました。まだ27歳という若さだっただけに、惜しい女優さんを失ったことが悔しくてなりません。

高倉さんが、夏目さんのご病気を知っていたかどうかはわかりません。しかし、高倉さんにとってもこれまでに演じたことのない役柄で、しかもハリウッドからのオファーでもあったことからすれば、極めて興味深く思っていたことでしょう。高倉さんは多くを語りませんでしたけれど、「自分よりも三船敏郎さんを」と言った背景には、高倉さんなりの映画のイメージ、そこから浮かんだベストな仕上がりを考えての判断だったのだと思います。その作品は、のちに『ベスト・キッド』（監督・ジョン・G・アヴィルドセン　85年）でお馴染みのパット・モリタ出演でアメリカで制作されました。

木村拓哉に特別な関心を持った理由

晩年の高倉さんは、「親子」の役を演じたいという気持ちがあったように思えます。かつての西部劇『シェーン』からの影響を強く受けていた高倉さんは、親として子と関わる役どころに強い関心を持っていた時期がありました。

そんな折、映画『蟬《せみ》しぐれ』（２００５年）制作にあたり、知人からの紹介で黒土《くろつち》三男監督から高倉健さんへの出演依頼の相談があったのです。『蝉しぐれ』の原作は、藤沢周平の長編時代小説でした。

「高倉さん、時代劇の出演オファーが私のところに来ています」

「時代劇？　おれは丁髷《ちょんまげ》が似合わないからな」

高倉は自ら「まげが似合わない」と公言し、時代劇出演を嫌っていたという。さかのぼれば、最初の時代劇出演となった『宮本武蔵　巌流島の決斗《けっとう》』（1965年）で武蔵に挑む剣豪・佐々木小次郎を演じたが、ファンからは賛否の声が飛んだ。ただ、高倉は役づくりのために居合を学ぶなど強い気持ちの入れようだったという。その後の時代劇出演は圧倒的に少なく、『四十七人の刺客』（監督・市川崑　94年）での大石内蔵助《くらのすけ》役など、数えるくらいだ。

実際に出演した本数は少ないのですが、時代劇のオファーは何本もあったと聞いています。いま思い出しても、これは見ておきたかったなと思うのは、宮本武蔵役の打診でした。時代小説作家の津本陽さんの短編小説を原作とした作品だったと思いますが、「老いた武蔵を演じてほしい」という依頼でした。それを聞いた健さんはニコッと笑っていたことを印象深く覚えています。老境に差し掛かった武蔵を高倉さんが演じる——とても魅力的に思えませんか？

それで、高倉さんは『蟬しぐれ』の原作本を手にとりました。

「これは、面白い映画になりそうだね」

高倉さんの反応は、明らかに強い関心を持った時のそれでした。そして、演じる侍の父子は、父役に高倉健、息子役に木村拓哉という設定でのオファーでした。

「木村拓哉さんってどんな人？」

高倉さんは、木村さんが人気絶頂のアイドルグループ・ＳＭＡＰのメンバーであることも知りませんでした。

「Ｔａｋ、ちょっと調べてくれないか」

木村拓哉さんに関する依頼を受けた私は、情報を集めました。すぐにひとまとめにしたものを手渡すと、高倉さんの目に留まったのは、木村さんの芸歴ではない意外な部分でした。

「木村拓哉さんは剣道経験者なんだな。武道を知っているということは、時代劇を演じるに値する経験だよ」

年下の俳優ではありますが、高倉さんは木村さんに対して敬意と共に関心を寄せていたのです。高倉さんにも武道経験はありました。『宮本武蔵』出演時の役づくりとして居合を学んだことよりも前に、空手道も経験していましたし、人気俳優として世に出て以降、高倉さんは日本刀にも引き込まれていました。

日本刀に関しては、相当なのめり込みようでした。伝統の刀剣文化を勉強するために長野県在住の刀鍛冶《かじ》の名匠に会いにいき、自分用に刀を打ってもらったこともありました。さらには、公益財団法人日本美術刀剣保存協会の会員にもなっていたのです。

「Ｔａｋ、おまえも刀のことを勉強しろよ」

高倉さんは私も入会させ、毎月届く日本刀専門誌『刀剣美術』を読んで学ぶように言われたものです。

「刀はいわくや因縁があるから面白いんだ」

とよく言っていました。刀への関心は東映に入社した当時からで、嵐寛寿郎さんや萬屋錦之介さんから刀の話をたびたび聞かされているうちに、関心を持っていったようでした。東映の任侠映画に出演して以来、高倉さんはますます刀にはまっていったそうです。

それからしばらくして、人間国宝の刀匠・二代目宮入小左衛門行平《みやいりこざえもんゆきひら》さんが打った刀を入手したのですが、気に入らなくて返したことがありました。その後、三代目宮入小左衛門行平さん（二代目の息子）が、改めて高倉さんの銘入りの刀を打ちました。高倉さんは刀をスピリチュアルなものとして捉えていたところがあります。一人でいる時の健さんは、刀を手にして、何か考え事をしていることがありました。

ちょっと刀の話に逸れましたね。それくらい武道を重んじた高倉さんにとっては、剣道

Tak 氏のオフィスで刀談義に盛り上がる二人。

の経験があった木村さんに関して、アイドルとか役者とかではない部分で、高く評価をしていたのだと思います。

その証拠として、木村さんの番組へのゲスト出演が挙げられます。映画俳優・高倉健が、ドラマやテレビ番組に出演することは極めて稀《まれ》なことでした。黒柳徹子さんが司会を務める『徹子の部屋』（テレビ朝日系）などのインタビュー番組には新作映画の宣伝も含めて出演されたことはありますが、ことバラエティ番組には一切出演することはありませんでした。それがなぜか、高倉さんは97年の放送回で『ＳＭＡＰ×ＳＭＡＰ』（フジテレビ系）にゲスト出演したのです。

「Ｔａｋ、木村拓哉の出ている番組で、カレーライスを食べにいってくるよ」

高倉さんが笑いながら話したのです。

「えっ？　高倉さん、バラエティ番組に出るんですか？」

思わず、聞き返してしまいました。この時の映像を見ると、高倉さんは木村さんをはじめとするＳＭＡＰのメンバーと会話を楽しんでいた様子でしたが、これはきっと映画で共演するかもしれない木村さんと直接会ってみたかったのではないかと思ったのです。

その後、しばらくして、高倉さんから『蟬しぐれ』への出演についてＮＧの返事がありました。詳しい理由は語ってもらえませんでした。高倉健と木村拓哉の父子共演は幻となってしまいましたが、高倉さんはご自身のラジオ番組『旅の途中で…』（ニッポン放送）

で『蝉しぐれ』を一部引用してラジオドラマ化して演じています。映画の『蝉しぐれ』は、父役は緒形拳さん、息子役は歌舞伎役者の市川染五郎さん（当時。現・十代目松本幸四郎）が演じることになりました。

高倉さんにとって、木村さんの印象が悪かったということはなかったでしょう。その後、高倉さんは81歳の時、主演映画『あなたへ』（監督・降旗康男　12年）の宣伝もあったからかもしれませんが、再びＳＭＡＰの番組『ＳｍａＳＴＡＴＩＯＮ!!』（ＭＣはメンバーの香取慎吾　テレビ朝日系）に地上波番組としては15年ぶりに出演したのですから。バラエティ番組という高倉さんにとっては本筋とは別のフィールド、高齢になっても新たなジャンルに出ていくことは、高倉さんにとっての冒険の一つだったのかもしれません。

「俺のアメリカ永住権をとってくれないか」

60代後半くらいになると、高倉さんはしきりに「移住をしたいと思っている」と話していました。移住先はロサンゼルスでした。これまでお忍びで渡米して、私たち夫婦といつも会っていた場所でもあり、江利チエミさんともたびたび訪れていた思い出の地でもありました。

高倉との離婚後、江利チエミはロサンゼルスで1980年5月に開かれたコンサートで、高倉のヒット曲『唐獅子牡丹』を歌った。ステージ上でのMCの言葉が、ふたりの思いの深さを物語る。

「私が大変親しくしていた人に敬意を表して、この歌を歌いたいと思います……」

Tak氏が前述した、高倉が江利のことを語る時の「昔ご縁のあった人」という言い方に重なるのが切なくもある。高倉の『唐獅子牡丹』は65年のリリースだった。高倉は歌手としてはキャリアが浅かったものの、リズムにのった堂々たる歌唱は、多くのファンを引き付けた。その裏側で、江利の熱心な歌唱指導があったことは公然の秘密である。

その場所として、高倉さんは「牧場」への夢を持ち続けていました。

「永住権を取って、馬を2、3頭飼えるような場所に暮らしたいんだ」

アメリカに牧場を持って、そこで「小田剛一」として穏やかに暮らすこと、それを夢見ていたのです。具体的な候補地も絞り込んでいました。カリフォルニア州のサンタバーバラという古い街で、その近くにはマイケル・ジャクソンの邸宅「ネバーランド」があり、レーガン元大統領の自宅があり、チャーリー・チャップリンが映画スタジオを開いた場所であり、私とも個人的に親しい俳優のクリストファー・ロイドの自宅もありました。さらに言えば、ここからそう遠くはない距離にある砂漠は、『野性の証明』の撮影で訪れた場所だったそうです。

ここで紹介された牧場は、眼下に海を望む立地で、馬も飼えるほどの広い施設を備えていました。母屋はスパニッシュスタイルの瓦屋根の平屋で、高倉さんにとって好条件が揃っていたため、相当悩んでいたものです。屋敷と土地で10億円いかないくらいの値付けでした。しかし、ご縁はなかったようです。

余談になりますが、牧場に関しては、国内で購入寸前までいった物件がありました。映画のロケでたびたび訪れた北海道の牧場でした。

「麗子ちゃん、あの時、馬が引くソリから落ちて気絶していたなあ」

と大原麗子さんとの思い出を語りながら、高倉さんはある牧場に関心を寄せていたものです。その撮影以来、「北海道に牧場を買いたい」とたびたび語っていました。地名までは覚えていませんが、おそらく十勝《とかち》辺りだったと思います。その牧場は老夫婦が所有していました。夫婦は売却後に東京で暮らす息子のところへ行こうと思っていたそうです。

しかし、夫婦の本音としては売り渡したくはなかったらしく、健さんはそれを知ってしまい、

「そんなに大事にしている牧場を、自分が買い取ることはよくないな。そういう事情を知ってしまった以上、自分が気持ちを入れて牧場を扱うことはできないだろう。あの牧場に

ふさわしいのは自分ではなく、あのご夫婦だ。自分が買い取ることで、それを崩してしまうのは切ないことだよ」

牧場で暮らすという新たな生活への冒険と挑戦は、形にはなりませんでした。この話を高倉さんはラジオ番組『旅の途中で…』で、しみじみと語っていました。

それで「俺のグリーンカードを取ってくれないか」と依頼された私は、いつもの高倉さんが持っている観光ビザとは違う永住権を申請しました。林一道さんの永住権も取得してくれた向井弁護士に依頼をするのですが、私は「緊急に必要になった」と伝え、手配を依頼しました。向井弁護士はクロサワ・エンタープライゼズUSAの顧問弁護士でした。

しかし、結論から言うと、永住権は取らずに終わってしまったのです。高倉さんには千葉真一氏のようにハリウッドを最終目標にするという感じはありませんでした。あくまでもプライベートを過ごす場所として、束縛されない、本来の自分自身になれるのはアメリカだというスタンス、小田剛一に戻れる場所を探していたのでしょう。

やはり、年を取ってきたことによる体の変化も、高倉さんの思考を変えていったのかもしれません。十数台の車を所有するマニアだったのが、70歳になる少し前あたりから、自分で運転をすることは徐々に少なくなっていきました。70歳で白内障の手術をして、目の不安もあったからだと思います。たしか2001年だったと思いますが、右目を先に、その1ヶ月後には左目の手術もしていたはずです。

高倉健にとって理想の死に方とは

これは高倉さんが60代のころだと思いますが、二人でサンタ・バーバラに出かけた途中、小さな漁港を通った時でした。海に面する古ぼけた小さな飲食店が並んでいて、それを見た高倉さんが、突然声を出したのです。

「Ｔａｋ、ちょっと車を停めてくれ。ここで飯でも食わないか」

高倉さんはこの漁港と街並みを見回していました。

「あの店にでも入りましょうか」

サンタ・バーバラの海に面した古ぼけたレストランでした。目の前の小さな漁港では、漁から戻った漁師たちの船が横付けされていて、魚を引き揚げていました。

「『居酒屋兆治』（監督・降籏康男　１９８３年）の撮影を思い出すなあ」

漁師たちの姿を見ていた高倉さんが、ぼそっとつぶやきました。

「僕も見ましたよ。舞台は北海道の函館でしたね」

私もあの作品には好きなシーンがたくさんありましたので、その話をしました。サンタ・バーバラの港町や漁港が函館のロケ地に似ていたようで、当時のことを高倉さんは思い出したようでした。漁港の隅っこには、イスに腰掛けた高齢の女性が日向ぼっこをするように寝息を立てていました。

「高倉さん、『居酒屋兆治』にもあんなシーンがありましたよね？」

私が問いかけると、

「小春日和《びより》……。釣ったブリを漁師が船から堤防に座る老女に放り投げる。だが、その老女はすでに亡くなっていた……そんな場面があったな」

高倉さんは回想するような表情で話しました。

「どうですか？　そういう死に方というのは？」

失礼かと思いましたが、素朴な質問を投げかけたのです。

「映画のような、暖かい日に亡くなる……。ああいう死に方は理想だね」

漁港を見つめながら話す健さんの表情は、とても優しく見えました。

それまで高倉さんとの間で死の話をしたことはほとんどありませんでした。以前、高倉さんから聞いた話ですが、お母様との食事中に人の生死の話をしていたのだそうです。すると突然、お母様が突然横向きに倒れてしまったといいます。高倉さんが驚いて「おふくろ！　どうしたんだ!?」と慌てて声をかけると、お母様は先ほどまで高倉さんと話していた話題を振り返って、「そういう話（人の生死）はするもんじゃない」と言ったそうです。死の話を軽々にすることがむしろ何か不穏なことを引き寄せてしまうと思っていたのでしょうか。

これは30年以上前になりますが、高倉さんと墓について話したことがあります。こう言っていました。

「萬屋錦之介さんに勧められて、鎌倉に墓をつくったんだ」

すでにお話しした江利チエミさんとの間の水子供養のために、鎌倉霊園に建てた墓のことだと思います。朱色の御影石《みかげいし》の墓でした。高倉さんは、

「自分が死んだら、ここに入る」

と言っていましたけれど、あの墓も、いまは跡形もありません。

ある日、『スピード』（94年）のヤン・デ・ボン監督に教えていただいた隠れ家的ホテルに行った時のことです。高倉さんはふと、

「東京はどっち側になる？」

と私に尋ねました。東京の方向を指し示すと、

「東京のほうを眺めているイメージで撮ってくれ」

と言い、ホテルのパティオでポーズを決めました。先ほどお話しした、刀を手にしながら考え事をしている表情をふと思い出しました。高倉さんは、近くで会話していても、どことなく遠くに思いを馳せる顔を見せました。素の小田剛一であるのに、その存在感ある横顔を見ると、やはり名優の器は隠せないものだなと思いつつ、高倉さんの本心のありかは、どこなのだろうと想像したものです。

私がつくる映画に出演してください

「高倉さん、私の田舎の言い伝えなのですが、映画としてプロデュースしたい話があるんです」

70代半ばを過ぎたころの高倉さんと、ロサンゼルスのオフィスで話していた時、私は長年あたためてきた作品への意気込みを伝えてみました。映画制作について具体的な考えを高倉さんに話したのは、これが初めてのことです。

「どんな作品をプロデュースしたいんだ？」

ソファーでくつろぐ高倉さんが身を乗り出すと、小田剛一の顔から俳優の表情に変わったように見えました。

「その作品は、『瞽女《ごぜ》』をテーマにしたものなんです」

「瞽女？　どんな物語になるんだ？」

私はプレゼンテーションでもするかのように熱く語りました。

瞽女とは、近世ごろまで全国各地に存在した目の不自由な女性の芸能者のことだ。全国を巡回しながら三味線や胡弓などを弾きながら歌うことを生業としていた旅芸人

でもあった。新潟および北陸では、昭和に入ってからも瞽女として生計を立てる女性はいたという。テレビやラジオが普及する前の農村や漁村などでは、村人たちの娯楽にもなっていた。目が見えないながらも、峠を越え、谷川を渡って訪れる、苦行を乗り越えてやってくる彼女たちは「縁起を運んでくる」とされ、歓迎された。

高倉さんの大きな瞳はじっと私の顔を見つめていました。

高倉さんが関心を持ってくれている！……私はその表情から読み取り、思い切って話しました。

「その映画で、高倉さんにナレーションと出演をお願いしたいと思っています」

「2つもか、欲張りだな……」

高倉さんはニヤリと笑って、私の言葉に小さくうなずいたように見えたのです。

その後、私はプロデューサーとして、『瞽女』の映画化へ向けて動き出しました。瞽女の生き様の根底には、高倉さんが日ごろから大切にしている中国の漢詩「寒青」を意識していました。

「寒青」は、前述のTak氏が高倉から授けられた王陽明の言葉だ。寒青とは「冬の松」を表す。高倉はＭＣを務めたラジオ番組『旅の途中で…』の中で、寒青について

の思いをこう語っている。
「凍てつく風雪の中で、木も草も枯れ果てているのに松だけは青々と生きている。一生のうち、どんな厳しい中にあっても、自分はこの松のように、青々と、そして、活き活きと人を愛し、信じ、触れ合い、楽しませるようにありたい。そんなふうに生きていけたら……」

松という樹木は、一年中青々として、雪に覆われても逞しく人々を勇気づけてくれます。きっと松には生きるパワーを届ける役割があるのでしょう。この「寒青」こそ、まさに「瞽女」そのものに当てはまると思ったのです。

映画の最後で、高倉さんにはこの言葉を含む全体のナレーション、そして象徴的な役どころとしてゲスト出演していただきたい――私のシナリオ構想の中では、そんな青写真がありました。

ところが、その映画の制作開発途中に、詳しいプランを伝えることなく高倉さんにお願いすることは断念せざるを得なくなり、私が初プロデュース作品『瞽女』で高倉さんとお仕事をご一緒する夢も潰えてしまったのです。

ナレーションは、女優の奈良岡朋子さんにお願いすることになりました。そのことも、高倉さんにお伝えできませんでした。

以前、奈良岡さんのことを、高倉さんはこう話していました。

「現場で奈良岡さんから注意されると、こわかったなあ」

高倉さんいわく、奈良岡さんを見ていると、故郷のお母様を思い出すとも言っていました。お母様は教師の経験をお持ちのとても凛々しい方で、確かに奈良岡さんと似ているところがあったようです。


Ｔａｋ氏のプロデュースのもと、『瞽女』は無事に完成し、瀧澤正治監督、脚本に加藤阿礼、椎名勲、瀧澤正治の各氏が携わり、２０２０年の公開となった（加藤氏は本名を坂上順《すなお》と言い、東映で『ゴルゴ13』や『鉄道員』など、何本もの作品をプロデュースした）。無形文化財でもある最後の瞽女こと故・小林ハルさんの半生を描いている。川北のん、吉本実憂、中島ひろ子、小林綾子、綿引勝彦、寺田農らが出演した。


でもね、やはり心残りなんですよ。『瞽女』ではご一緒することは叶わなかったですけれど、やっぱり僕はプロデューサーとして高倉さんの映画に携わりたかったのです。

高倉さんがご高齢になって歩けない状態になっていたとしても車いすで出演してほしい、そして、プロデュースだけでなく、車椅子を押す役で私自身が共演に挑戦してみたい……とも。

「そうだな」
あの時の健さんのあたたかな微笑みを、いまでも昨日のように思い出すのです。

（了）

謝辞

ここまでお読みくださったみなさんに、まずは深く感謝を申し上げます。私がかかわったかたがたの知られざる魅力を、本書からお伝えできたのであれば嬉しいです。

そして、黒澤明監督。

ご自身の作品に関しての重責ある立場を私に任せていただけたことは、自分にとっても大きな成長を遂げる機会となりました。ハリウッドという世界の映画の本場で、マーケティング、交渉術、マネージメントなど様々な最前線から得た学びは、いまも私が映画に関係した仕事を続けていられる力になっています。そして、本書でも記させていただいた黒澤監督からの叱責の言葉、あの時の反省は決して忘れることはありません。

ご子息であり、私の兄のような存在でもある黒澤久雄氏。中学時代に耳にしたあなたの楽曲を聴いて以来、こんなにも近しいご関係になれるとは想像も致しませんでした。映画界への足掛かりをいただけたのは、すべてあなたのおかげです。有難うございます。これ

黒澤監督の逝去の折、USA オフィスに組んだ祭壇の前で。

高倉健の三回忌。雅子夫人の手首のブレスレットは高倉から贈られたものだ。

からも弟分として慕わせていただきます。

また、クロサワ・エンタープライゼズUSAを介してご縁をいただいたハリウッド・スターのみなさん、卓越した才能で世界を席巻する表現者のみなさん、私はみなさんとの心地よい緊張感のある関係に育てられました。本書の中には紙幅の都合上、ごく一部のかたとの思い出話しか記すことはできませんでしたけれど、大いなる刺激をいただけたこと、深く感謝致しております。

本書の出版にあたって、出版社とのご縁をつないでいただいた脚本家の児島秀樹さん、本当に有難うございました。私は現在、児島さんの脚本をお預かりしており、アメリカのライターズ・ギルド（脚本家組合）への登録を済ませ、世界公開を目指した映画のプロデュースに動いています。そう遠くない未来に発表できることと思います。また、並行して制作を進めている映画『奄美のティダ』でも、児島さんから素晴らしい脚本をご提供いただけたこと、重ねて御礼致します。引き続いての伴走を宜しくお願い致します。

聞き手として、長きにわたり私へのインタビューをしていただき、多岐にわたるエピソードを見事にまとめていただいたノンフィクションライターの祓川学さん、徳間書店学芸編集部の加々見正史さん、そして私のビジネスパートナーとして多くの助言をいただいているプロデューサーの高樹一生さん、有難うございました。本書はみなさんとのチームワークの結実です。

そして——高倉健さん、小田剛一さん。素晴らしい時間をありがとうございました。あなたとは本当にいろいろなことを話しましたね。人として良く生きることの意味を、あなたにいただいた言葉の数々から私は受け止めました。あなたがこの世を去って2024年の11月10日で10年になります。でも、不思議なことに、私はあなたがいないこの世界に寂しさを感じたことがありません。それは黒澤監督との別れも同様でした。なぜでしょう？　私の中では、あなたも黒澤監督も変わらずに生き続けているから。ビジネスにおいて、もしくは人生において行き詰まった時、あなたは常に的確なアドバイスをくれました。いまも様々な悩みを抱えながら私は生きています。ただ、その時、高倉さんだったらどんな意見をしてくれるのか、あの懐かしい声が蘇ってくるし、聞こえてくるのです。

最後に、これからも大切に守り続けていきたい言葉を挙げておきます。

高倉健「正しい人間になれ」
黒澤明「正直であれ」

お二人ともどこか似ていると思ったのは、私だけでしょうか——。

２０２３年12月

Ｔａｋ阿部＝阿部丈之

Tak阿部

本名：阿部丈之（あべ・たけゆき）　1953年1月14日生まれ。新潟県出身。「クロサワ・エンタープライゼズUSA」代表取締役社長を経て現在、プロデューサー。アニメーション制作会社で撮影を担当。『ハクション大魔王』『昆虫物語みなしごハッチ』『いなかっぺ大将』などのタツノコプロ作品のカメラマンとして活躍。フリーのカメラマンとして独立後、黒木敬七撮影監督のもと、高畑勲氏、宮崎駿氏のコンビによる『アルプスの少女ハイジ』を撮影。その後、渡米。ロサンゼルスの映像制作会社「サンウェスト・プロダクション」「ウエスト・エンターテインメント」でTV、CF撮影などを務める。黒澤明監督の息子、黒澤久雄氏が会長を務める在米法人クロサワ・エンタープライゼズUSA設立に参加。米国でのＣＭ撮影で高倉健と知り合った縁でプライベートマネジャーを依頼され、米国永住権の申請も進める。高倉はクロサワ・エンタープライゼズUSAの顧問としても籍を置いた。高倉のハリウッド映画出演交渉、アメリカ滞在中のサポートにとどまらず、日本での生活環境の支えにも努めた。プロデュースした映画作品に、マリリン・モンローとジム・ドーティの半生を描いた『ノーマ・ジーン』（監督・トム・スミス　90年）、キーファー・サザーランドを声優に起用した『アミテージ・ザ・サード』（監督・越智博之　95年）、アニメーション映画『天地無用！ in love』（監督・ねぎひろし　96年）、『瞽女　GOZE』（監督・瀧澤正治　2020年）。高倉健のドキュメンタリー『健さん』（監督・日比遊一　2016年）では自身も妻の雅子氏と一緒に出演して高倉との思い出を語るとともに、同作への大物映画人への出演交渉に奔走した。現在、２本の映画のプロデュースなどを進めている。

聞き手／祓川　学

はらいかわ・まなぶ　1965年生まれ。東京都出身。ノンフィクションライター、児童文学作家としての著書のほか、皇室記者としても長らく活動する。日本児童文芸家協会会員。児童向けの著書として『恐竜ガールと情熱博士と』（「福井市こどもの本大賞ノンフィクション部門」受賞、小学館）、学習まんが人物館『平成の天皇』（原作シナリオ担当、同）、『フラガールと犬のチョコ』（岩手県読書感想文課題図書選出、ハート出版）、『兵隊さんに愛されたヒョウのハチ』（同）、『ラーゲリ犬クロの奇跡』（同）など。取材・構成担当として『陛下、お味はいかがでしょう。「天皇の料理番」の絵日記』（工藤極・著、徳間書店）、『フツーの体育教師の僕がJリーグクラブをつくってしまった話』（佐伯仁史・著、同）などがある。

高倉健と黒澤映画の「影武者」と呼ばれて
日米映画界を駆け抜けた男の記

第1刷　2023年12月31日

著者　Tak阿部
聞き手　祓川学

発行者　小宮英行

発行所　株式会社徳間書店
〒141-8202
東京都品川区上大崎3-1-1目黒セントラルスクエア
電話　(編集)03-5403-4350／(営業)049-293-5521
振替　00140-0-44392

印刷・製本　三晃印刷株式会社

ISBN978-4-19-865706-2